Felix Liebermann

Über Pseudo-Cnuts Constitutiones de foresta

Felix Liebermann

Über Pseudo-Cnuts Constitutiones de foresta

ISBN/EAN: 9783744615501

Hergestellt in Europa, USA, Kanada, Australien, Japan

Cover: Foto ©ninafisch / pixelio.de

Weitere Bücher finden Sie auf **www.hansebooks.com**

ÜBER

PSEUDO-CNUTS

CONSTITUTIONES DE FORESTA.

VON

F. LIEBERMANN.

HALLE a. S.
MAX NIEMEYER.
1894.

finden, ihrem Vieh, für das noch wenig Futterbau sorgte, die freie Weide, Laub, Buchen- und Eichelmast zukommen zu lassen, und ihre Holzhütten mit dem Baum und Strauch des Waldes zu bauen und zu heizen. Lockte also des Lebens Nothdurft die unteren Volksschichten zur Durchbrechung der verhassten Schranke, so beneideten der Vollfreie und der Adlige, die wenig Vergnügen ausser kriegerischem Spiele kannten, den König um seine Jagdfreude. Keine Einrichtung der Normannischen Krone war daher allen Classen, ohne Unterschied der Rasse, so verhasst wie das Forstrecht, und keine bildete einen deutlicheren Kraftmesser der absoluten Despotie: es begann mit dem Eroberer, wüthete am grausamsten unter dessen Söhnen, gelangte zu systematischem Ausdrucke und geographisch weitester Ausdehnung unter Heinrich II. und sank, als dem Königthum die Magna Charta abgerungen wurde.

Heutzutage geht das Forstrecht den praktischen Juristen Englands wenig mehr an; und dem Verfassungshistoriker zeigt es nicht jene lebensvollen Keime zu gesellschaftlichen Organisationen, die ihn zu den Anfängen anderer Einrichtungen, wie etwa des Parlaments und des Schwurgerichts, mächtig hinziehen.

2. So erklärt es sich, dass eines der ältesten Denkmäler des Forstrechts, Pseudo-Cnut, nirgends eingehend untersucht wurde, und, obwohl es Konrad Maurer[1] in richtigem Gefühle als ein Machwerk aus Anglonormannischen Gesetzen und Normen betrachtet hatte, neuestens wieder im wesentlichen Kerne den Angelsachsen zugeschrieben werden konnte.

Dem ersten Menschenalter der wissenschaftlichen Behandlung Angelsächsischer Alterthümer und Englischer Rechtsgeschichte[2], sowie den damaligen Forstjuristen, wie Treherne[3] und noch 1571 Fleetwood[4], blieben die *Constitutiones Canuti regis de foresta* unbekannt. Erst unter Elisabeth wurde das

---

1) *Krit. Überschau* II 410, bestimmter als *Adel* 176. 2) Vertreten durch Leland, Bale, Lambarde, Joscelin. 3) Hss. Harley 72; Vespasian F IV. [Die hieraus von Stubbs (*Benedict* II CLXI) collationirte früheste Forstassise steht auch in Hs. Cambridge Ii VI 53 in anderer als der gedruckten Form; s. u. S. 9.] 4) Hs. Harley 5194.

Werk abgeschrieben[5] und von Wil. Harrison, der den Text für verderbt und ins Latein nur übersetzt hielt, in seine 'Description of England' aufgenommen, welche 1577 im Druck[6] erschien. Darauf 1592 von Manwood[7], der ein Dänisches Original annahm, in die Forstrechtswissenschaft eingeführt, begegnete das Stück in dessen späterem Buche[8] und bei dessen zahlreichen Nachtretern[9], auch den Jagdhistorikern[10] und Naturgeschichtsschreibern[11], keinem Zweifel[12]. Spelman[13] schrieb 1625 die Lateinische Form einem Normannen zu. Coke[14] hielt das Stück für stark verdächtig und jedenfalls ohne legale Kraft. Dennoch führten damals Regarders in Essex seinen Inhalt, freilich ohne Cnut's Namen, als altes Gebrauchsrecht gerichtlich an[15]. Blackstone überging die Constitutiones stillschweigend, wohl absichtlich. In unserem Jahrhundert galten sie als echt: Lappenberg[16], Zöpfl[17], Gengler[18], Thorpe[19], Kemble[20], Davoud-Oghlou[21], Glasson[21a], Pearson[22], Wrottesley[23]. Schmid[24]

5) S. u. Hs. Cii.   6) S. u. Ho.   7) *Brefe collection of the lawes of the forest*, vorhanden im British Museum.   8) *A treatise of the lawes of the forest* 1598.   9) In Manwood's Neuauflagen bis zu der vierten durch Nelson (1717 App. p. 393); [N. Cox] *The gentleman's recreation* (mir bekannt aus Kroysig, *Bibl. scr. venat.* 69; Harting, *Bibl. accipitr.* 27; Souhart, *Bibliogr. sur la chasse* 685); derselbe Cox, *Abridgment of forest laws* 1697 (diese Ausgabe schlug für mich freundlich im British Museum Miss M. T. Martin nach; sie fand in Cox's 3. Ausg. der *Recreation*, von 1686, das Forstrecht nicht). Lewis, *Hist. inq. conc. forests* (1811) p. 141 liefert eine neue Übersetzung der Constitutiones, übernimmt aber Manwood's schlechte Lesung *porgened* für *pegenes*.   10) Zuletzt Verhaegen, *Rech. sur le droit de chasse* (1873) 173; Faider, *Hist. du droit de chasse* (1877) 328.   11) Harting, *British animals*.   12) J. Evelyn, *Sylva* 1664; Prynne, *Animadv. on Coke* 1669; Craig, *Legal rights as to trees* 1664; Wood, *Laws of Dean Forest* 1878 und Kerry, *Peak forest* im *Derbys. archl. Jl.* 1893/4 berühren oder fördern unsere Frage nicht.   13) *Glossar. archaeol.* 242; gedruckt 1687.   14) *Fourth part of inst.* (1648) 320. 15) Fisher, *Forest of Essex* 151.   16) *Gesch. r. Engl.* (1834) I 467. 17) *Dt. Rechtsgesch.* (1858) 48.   18) *German. Rechtsdenkm.* (1875) 107. 19) *Anc. instit.* (1840 fol.) 183.   20) *Saxons* (1849) ed. Birch II 80. 21) *Législ. des Germains* II 590.   21a) *Hist. du droit Angl.* I (1882) 33. Auch Steenstrup *Danelag* (1882) 118.   22) *Early and M. ages of Engl.* 158.   23) Laut Andrews *Manor* 228.   24) *Ges. der Angels.* (1858) 318.

glaubte an ein verlorenes Angelsächsisches Original Cnuts, das nur stark interpolirt sei. Ähnlich urtheilten Stobbe[25] und Gneist[26]; auch Brunner[27] nahm Angelsächsische Vorlagen an. Stubbs[28] erklärte Interpolation oder völlige Unechtheit für möglich. Freeman[29] nannte (der Wahrheit, freilich ohne Beweis, sehr nahe) das Stück eine Fälschung unter den Normannischen Regenten, am ehesten unter Heinrich I.; auch Green[30] sagte richtig, es sei Cnut fälschlich lange nachher nur beigelegt. Dennoch entschied sich Compton[31] nicht gegen die Authenticität, hielt es Hunt[32] nur 'in dieser Form für eine spätere Compilation' und erklärte es Fisher[33] für eine von einem Normannen vor 1066 gefertigte Übertragung Englischer Forstgesetze, die unter Edward d. Bek. galten und auf älterem Brauche beruhten.

3. Eine Fälschung erst des 16. Jahrhunderts hat zwar glücklicher Weise Niemand in dem Werke gewittert. Dennoch könnte man aus mehr als Einem Grunde auf solchen Irrthum verfallen. Es wird sich unten ergeben, dass dieses Machwerk nach dem 11. Jahrhundert, dem es vorgiebt anzugehören, entstand, der Wirklichkeit auch des 12. Jahrhunderts, dem es in Wahrheit entstammt, vielfach widerspricht und Sprache und Recht des 11. Jahrhunderts bereits nicht mehr versteht. Merkwürdiger Weise hinterliess es keinerlei Spur in der ganzen Literatur der Jagd und des Forstrechts bis auf Elisabeth. Kurz vor ihr, unter Edward VI., berief sich die Krone in einem Proteste gegen ein Entforstungsprogramm auf altes Forstrecht[34]. Aus Elisabeth's Zeit stammen beide Texte. Damals wurde das Werk gedruckt und sofort berühmt. Möglicher[35] Weise fallen die Verschlechterungen des gedruckten Textes gegenüber dem

---

25) *Gesch. Dt. Rechtsquel.* (1860) I 199. 26) *Engl. Verfass.* (1882) 26. 27) Holtzendorff's *Encyclop.* (1890) 331; vgl. u. Anm. 58. 28) *Constit. hist.* I 200. 29) *Norman conq.* V 456; s. u. Anm. 123a. 30) *Short hist. of the Engl. p.* (1876) 63. 31) *Forest laws* in *Jl. Brit. archl. assoc.* 36 (1880) 178. 32) *Dict. nat. biogr.* IX (1887) 6. 33) *Forest of Essex* 4. 7. 12. 66. [Derselbe?] 'F' im *Antiquary* X 21 hatte sich bei der Meinung Stubbs' (*much later forgery or interpolated*) beruhigt. 34) Pat. 2 Edw. VI pt. 3; aus Fisher. 35) Jedoch nicht wahrscheinlich.

anderen Cambridger Codex alle dem Drucker zur Last, so dass vielleicht auch dieser Codex nur aus Harrison's besserer Urschrift[35a] geflossen wäre. Allein wenigstens Harrison dürfte nicht verdächtigt werden. Dafür bürgen die Schule Nowell's[36] (aus der auch Lambarde[37] hervorging) und seine ganze Schriftstellerei, die nirgends heuchelte oder mit Kenntniss alten Rechts prunkte oder die Gegenwart mit erlogenem Flitter des Alterthums aufputzte. So trefflich ferner Harrison den Culturzustand seiner Gegenwart beobachtete, so kräftig er ihn darzustellen verstand[38], für die Vergangenheit borgte er dürftigen Stoff von seinen Zeitgenossen Leland, Bale, Lambard[39], benutzte die Fabeln Galfrid's von Monmouth[40] ohne auszuschmücken oder zu kritisiren, verfiel absichtslos in manchen Fehler im Angelsächsischen[41] und verrieth keine tiefere oder weitere Kenntniss vom 11. Jahrhundert. Schon seine Unfähigkeit zu solch literarischem Betruge veranlasst uns, ihm seine Versicherung zu glauben, dass er eine barbarische und verderbte Vorlage nur getreu wiedergebe.

Was hätte überhaupt ein Fälscher des 16. Jahrhunderts mit den Constitutiones Canuti bezwecken können? Belletristisch zu unterhalten vermochten diese trockenen Rechtssätze nicht. Um die Tyrannei der mittelalterlichen Krone oder den Feudalismus herabzusetzen — wenn eine solche satirische Absicht überhaupt vor dem 17. Jahrhundert in England vorkäme —, hätte man Cnut nicht als gerecht und fromm geschildert, hätte man die königliche Prärogative übertrieben, und nicht der Wirklichkeit des 12. Jahrhunderts gemäss dargestellt. Einem praktischen Zwecke schliesslich, etwa der Beeinflussung des geltenden Forstrechts, konnte der Betrug im 16. Jahrhundert auch nicht dienen. Denn längst galt dem Juristen das Recht

---

35a) Die dann mit ch (s. u. S. 10) identisch wäre. 36) Churton, *Life of Nowell* 1809. 37) *Life of Lambarde* in [J. Nichols] *Bibl. topogr. Brit.* I 493 (= no. 42). 38) Für Erforscher des Elisabethanischen Zeitalters besitzt Harrison hohen Reiz und Quellenwerth. 39) *Latelie published*; p. 193 ed. Furnivall. 40) P. 189 f. 41) P. 192 *Orcklade* statt *Greatanlea*; *Lincolne* statt *Culintone*.

erst seit den Plantagenets, höchstens seit Wilhelm I.[42], als Autorität; er citirte die Angelsachsen nicht. Auch hätte er nicht die Maske des vergessenen oder als Dänen verhassten Cnut (sondern etwa Aelfreds) gewählt und würde durch die Forstcharte von 1217 Cnuts Gesetz für abgeschafft erachtet haben; übrigens sagte schon Manwood: *the forest laws are grown into contempt*. Ein Antiquar des 16. Jahrhunderts wusste schwerlich die Thiere[43] richtig zu nennen, welche im 12. Jahrhundert Englands Wald belebten, aber in seiner Gegenwart ausgestorben waren. Er hätte eine oder die andere Spur uns verrathen aus der reichen Forstgesetzgebung und technischen Terminologie[43a] seit Heinrich III., aus den Rechtsbüchern seit Fleta (II 41) über Beamte und Gerichte des Forstes, aus der feinentwickelten Jagdliteratur seit Twici[44]. Gewiss würde er z. B. gemäss seiner Zeit im Gegensatz zu den Constitutiones Cnuti den Fuchs zur *Venatio*, den Hasen als *Fera forestae* gezählt haben. Ein Humanist würde auch den Stoff systematischer geordnet, classischeres Latein geschrieben und Cnuts Engländer *Saxones* genannt haben.

4. Ferner sprechen paläographische Gründe für das Vorhandensein unseres Textes spätestens bereits im 14. Jahrhundert. Einige seiner Fehler erklären sich nur dadurch, dass Copisten ähnliche Buchstaben mit einander verwechselten. Er bietet nämlich *p* statt þ und p, *d* statt *s*, *s* statt *f*, 7 (*et*) statt ī (d. i. *in*), c̄ *ira* statt ī *c'ia*. Die Ähnlichkeit von *d* und *s* bezeichnet die Schrift um 1300. Die Rune þ verschwindet vor der Neuzeit, und die Form für þ ähnelt im 16. Jahrhundert dem *y*, nicht dem *p*. Auch wo nur der eine unserer zwei

---

42) So der Rechtsgelehrte unter Chaucer's Canterbury-Pilgern. 43) S. u. S. 48. 43a) Vgl. u. 19. 21. 44) *Le art de renerie* ex ms. Phillipps 1840; vgl. Meyer in *Romania* XIII 505; Werth in *Zeitschr. Rom. Phil.* XII 381; XIII 29. [Diesen Druck besitzt auch Berlin's Königl. Bibl.] Eine Engl. Übersetzung 15. Jhs. bei Wright and Halliwell, *Rel. antiq.* I 149. Fernere Engl. Jagdlehrbücher wie Berners, Turbervile, verzeichnen Werth und Souhart.

Codices solche Verschreibung zeigt, oder *ni, in, ui, ci, m* verwechselt, trägt vermuthlich ein Copist nicht von 1550, sondern ein viel früherer Vorgänger die Schuld.

II. Die Textüberlieferung.

Unser Text ruht auf zwei Überlieferungen: Ho und Cii.
5. Ho bezeichne den Druck von Holinshed's *Chronicle* 1577. Als Einleitung geht voran *A description of England* von W[illiam] H[arrison]. Cnut's Constitutiones stehen f. 89 v, in Capitel II 15. Nur diesem Drucke folgte Manwood[45], den manche irrig für den frühesten Überlieferer des Textes hielten, obwohl er sich nicht als Entdecker aufspielte, noch behauptete Ungedrucktes zu bringen. Er citirte freilich Harrison nicht, aber am Rande, zu Const. 30: *Hollandshed in his Descr. of Britain*. Er übernahm auch Harrison's einleitende Worte, führte die *Description* anderswo an, wiederholte alle Fehler[46] Ho's, sogar einen offenbaren Druckfehler[47], und ergänzte nur, sicherlich aus eigenem Fachwissen, *et canem* 31. Seine Englische Übersetzung birgt demgemäss manchen Unsinn; seine einzige eigene Bemerkung über das Denkmal ist falsch.

Ho 2. Leider hat allen spätern Forschern nicht Ho, sondern dessen Neudruck von 1587 vorgelegen, der für die Textgestaltung künftig nicht in Betracht kommen darf. Ps.-Cnut steht p. 314. Hier sind zwei Druckfehler[48] hinzugekommen, ist *equi*[49] ausgefallen, und[50] aus einem Druckfehler ist der Grammatik zu Liebe eine Sinnwidrigkeit gemacht. Statt *fugerit*, d. i. 'hetzt, jagt', steht hier, in humanistischerem Latein: *ad cursum impulerit;* 22. Wohl derselbe Pedant fügt *semper* in 11 überflüssig hinzu. Dieser gelehrte Emendator ändert aber auch Ho's *merimorum* (in 33, das nur aus *Mercinorum* verlesen war) in

---

45) S. o. Anm. 7—9. 46) *pegen, pere et pite* für *þegn, per et pite*.
47) *mariora* (statt *maiora*, wie Ho 2 bessert) überträgt er *seas*. 48) *tam* 1; *eo* 27. 49) 27; *wilde horses* Manwood. 50) Statt *horum aliquis* (d. i. einer der drei Volksstände) liest Ho: *horum aliquot*, Ho 2 aber *harum*, so dass man *ferarum* ergänzen muss; 23.

Werinorum id est Churingorum, vermuthlich weil er an Herold's Druck der *Lex Angliorum et Werinorum id est Thuringorum* dachte. Die Germanische Rechtsgeschichte[51] wurde so verleitet, in den Constitutiones Cnuti die Spur einer verlorenen Handschrift der Lex Angliorum zu vermuthen.

In Ho 3, einem Neudruck aus Ho 2, von 1807, steht Ps.-Cnut I 347. Furnivall[52] druckte Harrison aus Ho 2; zu Cnut's Text fügte er Manwood's Übersetzung hinzu. Dagegen hat Withington, der *Will. Harrison's Elizabethan England* 1886 in modernisirter Sprache mit einigen Anmerkungen druckte, Pseudo-Cnut fortgelassen.

Spelman[53] wiederholte Ho 2, sogar mit den Marginalien, bemerkte die Textfehler fast alle und besserte einige. Da er seine Quelle nicht nannte, galt er als der früheste Überlieferer der Constitutiones bei den meisten Forschern seit Gale, dessen Abschrift aus Spelman im Trinity College zu Cambridge (O 10, 38) liegt, bis auf Thorpe und Schmid[54]. Nur Schmid hat den Text weiter gereinigt. In England aber die Drucke mit den Handschriften zu vergleichen, blieb diesem trefflichen Forscher versagt.

Ich verglich 1893 im British Museum Ho und Manwood, Bücher, die in Berlin fehlen.

6. Nach lange vergeblichem Suchen stiess ich 1894 auf eine bisher unbenutzte Handschrift, die mir Herr A. Rogers in der Öffentlichen Bibliothek zu Cambridge verglichen, bezw. beschrieben hat.

Cii heisse dieser kleine Duodezband der Cambridger Universität Ii VI 53, geschrieben[54a] in Einer schönen Cursive um 1570, in der auch am Ende des Bandes die Regenten Englands bis auf Elisabeth verzeichnet sind. Die Überschrift bezeichnet den Inhalt nur ungefähr: *In libro isto explicantur statuta forestarum*. Die frühesten Stücke datiren aus der Zeit Hein-

---

51) Vgl. Zeits. f. Rechtsg., Germ. (1894) 174.   52) *Shakspere's England; for the New Shaksp. soc.* 1877; I 314.   53) S. o. Anm. 13.
54) S. o. Anm. 24.   54a) Eine Spur der Vulgarsprache: *launceas* 6.

rich's II., das späteste von 1540. Sachlich scheinen alle Stücke bekannt; allein mehrere in Französischer und Englischer Form gedruckte stehen hier Lateinisch; das Englische am Schlusse lautet besser als im neuesten Druck; die früheste Forst-Assise (s. o. Anm. 3) verdient Collation; und für Cnuts Text ist Cii wichtig. Hier der hauptsächliche Inhalt:

Stücke aus Dialogus de Scaccario I 11. 12; aus Charta de foresta a. 1217 c. 10; *Assisa Henrici filii Matildae* [1184]; *Carta de foresta Henrici III.* [1217], *confirmata per Edw. I. a. 28;* Cap. 20 Lateinisch aus Stat. *Westmonast. I, a. 3. Edw. I.*, Französisch in Statutes of the realm I 32; Statut *De malefactoribus in parcis a. 21. Edw. I.*, ebd. 111; *Consuetudines et assisae forestae*, ebd. 243; Ordinatio *de foresta a. 33* [d. i. 34] *Edw. I.: Dum statum* [fehlt eb. 147] *imbecillitatis;* Ordinatio *de foresta a. 33. Edw. I.*, Französisch eb. 144; *Cap. 1. a. 1. Edw. III.: Magna charta et charta de foresta*, Französisch eb. 255; *Cap. 9* [d. i. 8] *a. 1. Edw. III.: Quia multi sunt molestati*, Französisch eb. 254; *Cap. 7. a. 24* [d. i. 25] *Edw. III.: Nullus forestarius . . poturae*, Französisch eb. 321; *Cap. 3* [und 4] *a. 7. Ric. II: Nulla iurata*, Französisch eb. II 32; *Cap. 35. a. 32. Henr. VIII.* [1540]: *Posthec omnes et singuli iusticiarii;* Articuli *super cartas* [1300], Französisch eb. I 136; *Confirmatio chartarum a. 25. Edw. I.*, Französisch eb. 123; *Cap. 1. a. 42. Edw. III.* [1368]; Französisch eb. 388; *Cap. 11. a. 19. Henr. VII.* [1504], Englisch eb. II 655; *Cap. 2. a. 1. Edw. III.* [stat. 2]: *Qui habet boscos*, Französisch eb. I 255; *Cap. 7. a. 22. Edw. IV.* [1483]: *Qui habet proprium boscum*, Französisch eb. II 474; *Incipiunt constituciones Canuti*, hier unten gedruckt; *In recepto in Scaccario, in charta forestae Essex rotulo 5*[55]: *Iche Edward kinge hare giren*, die gereimte Urkunde, angeblich des Bekenners, aus jüngerem Texte zuletzt gedruckt bei Fisher (Forest of Essex 6); *Rot. 5. a. 38. Henr. III. concessit Ric. de Bockley, quod . . fugare possit . . culpem, leporem; Will. de Catherton . . me promisisse: fidelis ero Edmundo* [1267—96] *com. Lancastriae;* Tafel der Englischen Regenten bis Elisabeth.

7. Wo Ho von Cii abweicht, ermöglicht uns der Vergleich mit der Quelle unseres Werkes, festzustellen, dass in einigen Fällen Cii, in anderen Ho besser liest. So bewahrt Cii *dico vobis* 13, was Ho fehlt, *plegios* 13, *sua* 30, *sunt* 33, was Ho in *plegium, terras suas, est* ändert. Cii bringt auch *et canem* 31,

---

55) Im Staatsarchiv vergeblich gesucht. 56) S. u. 8.

was Manwood zu Ho nur aus dem Sinne ergänzte. Andererseits überspringt Cii Worte, die Ho der Quelle gemäss bewahrt (*alterum sine sella* 6, *autem* 12, *quos Dani vocant halsefang* 14), und die Artikel 15 bis 18. Zumeist ergiebt in den übrigen Fällen der Sinn, dass der eine Schreiber geirrt hat, z. B. Cii in *vidua* für *nuda*. Wo man zweifeln kann, wem zu folgen sei, betrifft die Abweichung nur Unbedeutendes, namentlich Wortstellung. Gemeinsam aber bieten Cii und Ho Missverständnisse, welche beweisen, dass ihre Vorlage, die wir ch nennen wollen, lange nach dem 12. Jahrhundert geschrieben war. Sonst hätte ch nicht *pegen* für *þegen* (12), *pegened* für *þegenes* (zweimal 1. 2) schreiben und ein Wort in das unsinnige *michni* (6) verwandeln können; vgl. u. 24. Hätte nämlich der Zwiespalt unserer Texte bereits bald nach der Entstehung des Originals angehoben, so würden sie gerade in jenen schwierigen Wörtern nach verschiedenen Richtungen abgewichen sein, nicht auf dieselbe Weise geirrt haben. Sicherlich stand vielmehr ch dem 16. Jahrhundert zeitlich nahe [56a].

III. Pseudo-Cnut's Quelle.

8. Ungefähr ein Achtel der Constitutiones ist aus den *Instituta Cnuti aliorumque regum Anglorum* [57] geschöpft. Dies Werk ist ihre einzige 'Angelsächsische Vorlage' [58]. Die Constitutiones bergen nicht die Spur eines verlorenen Englischen Königsgesetzes oder überhaupt eines Altenglischen Schriftstückes, das ein später Jurist nur überarbeitet hätte. Sie benutzen

im Prol.:	In Cn I Pr. — 2, 2	in c. 7:	„	II 71, 2
in c. 1:	„ I 12a+II 71, 3+83	„ „ 9:	„	II 17
„ „ 2:	„ II 71, 2	„ „ 10:	„	II 2, 1
„ „ 4:	„ I 12b	„ „ 11:	„	II 30, 3+22, 1+8
„ „ 6:	„ II 71, 3	„ „ 12:	„	II 22, 2

56a) Vgl. o. Anm. 35a. Formen wie *hounde* für *hund*, das im 12. Jahrhundert zu erwarten wäre, beweisen nichts, weil sie von zwei Schreibern des 16. Jahrhunderts auch unabhängig eingeführt sein können. 57) Vgl. Transactions R. Histor. soc. 1893, p. 77, citirt als In Cn. 58) S. o. Anm. 27.

in c. 13:	In Cn II 35 + 35, 1		in c. 23:	In Cn II 63
„ „ 14:	„ II 37		„ „ 24:	„ I 5 + II 15
„ „ 17:	„ II 59d		„ „ 25:	„ II 41
„ „ 18:	„ II 61 + III 50		„ „ 30:	„ II 80
„ „ 20:	„ I 5, 3		„ „ 33f.:	„ III 41 ff. + II 59i.
„ „ 22:	„ II 45, 2			

Also in 21 seiner 34 Capitel schöpft der Compilator aus Einer Quelle. Aber er entnimmt ihr keines ganz ohne Zuthat, Änderung oder Auslassung. Einmal holt er nur ein Wort *lunman* (4) dorther, zumeist zwei bis fünf Wörter, zweimal einen Satz (17. 30), nur in 11—14 fortlaufende zehn Zeilen. Diese Parallele genügt zum Beweise der Benutzung:

Pseudo-Cnut For. 12.	*Inst. Cnuti* II 22, 2.
Liberalis autem homo, i. e. þegen, modo crimen suum non sit inter maiora, habeat fidelem hominem qui possit pro eo iurare iuramentum, i. e. forathe; si autem non habet, ipsemet iuret, nec perdonetur ei aliquod iuramentum.	Si liberalis homo, id est þegen, habet fidelem hominem, qui pro eo possit iurare praeiuramentum, id est foraþ, ita sit; si autem non habet, ipsemet iuret, nec ei perdonetur aliquod praeiuramentum.

Da diese Plagiate in die Compilation untrennbar von Anfang bis zu Ende verwoben sind, können sie nicht etwa als spätere Interpolation gelten.

9. Der Compilator der Constitutiones kann nicht identisch sein mit dem der Instituta, weil er diesem an Verständniss des Angelsächsischen und des alten Rechts nachsteht, ihn aber überragt als Systematiker und Kenner kanonistischer Formeln. Während er sein Werk *Ego Canutus rex* beginnt, also ein Gesetz Cnut's in authentischer Form oder mindestens in wortgetreuer Übersetzung zu bieten behauptet, und demgemäss zur Kategorie bewusster Fälscher gehört, geben sich die Instituta ehrlich als Sammlung und Übertragung. Der deutlichste Beweis gegen die Identität liegt aber darin, dass er die Instituta gröblich missverstanden und in dem einzigen Capitel Cnut's[59], das vom Jagdrecht handelt, sie dreimal bedeutsam geändert hat.

---

59) II Cnut 80 = Const. 30.

Während nämlich Cnut den Unterthanen die Jagd auf ihrem Grunde erlaubt, nimmt Pseudo-Cnut die *chacea* (Edelhetze) aus, gewährt die Jagd nur dem Adel und nur *in planis*, wohl mit absichtlicher Fortlassung des 'Waldes'.

IV. Entstehungszeit laut allgemeiner Kriterien.

10. Da die Constitutiones nicht bloss inhaltlich, sondern buchstäblich sich mit den Instituta decken, so muss der Fälscher von vornherein Lateinisch[59a] geschrieben haben. Also er, und nicht etwa erst ein Übersetzer, wie die Vertheidiger des Denkmals annahmen, führte die Normannischen Ausdrücke ein wie *manutenere* 5, *summonitio*, *immunes*, *liberi et quieti* 9, *forisfactio* 11, *perdonare* 12, *villanus* 15, *barones* 26. Während für diese Wörter die Angelsachsen wenigstens ähnliche Begriffe besassen, kannten sie weder dem Namen noch der Sache nach *arcubalista* 8, *foresta* 1, *forestae demonstrationes* 11, *chacea* 21, *subboscus* 28, *viridis et veneris* 2, *fera forestae et fera regalis* 21, *genuiscissio* 31.

Da die Instituta nicht vor 1110 fertig waren, entstand Pseudo-Cnut später. Auf eine Abfassung nach Lanfranc's Schulreform deuten ferner die Systematik des Verwaltungsprogramms und Römisch-kanonische Ausdrücke wie *pusillum non respicit constitutio*[60] *nostra* 21, *delinquens* 1, *materiae forestae* 1, *causae criminales tum civiles* 10, *secundum modum et genus delicti* 20, *reus maximi criminis* 34, *una causarum tractatio* 21.

Der Fälscher lässt Cnut anfänglich im Singularis reden, wie das der Brauch bis unter Heinrich II. war, später im Pluralis majestatis[60a], der in der Englischen Kanzlei bereits vor 1200 gefestigt war.

Ein Angelsächsisches Wort im Texte der Constitutiones zeigt eine Veränderung, die wir erst dem Ende des 12. Jahr-

---

59a) S. u. Anm. 168. 60) Geschriebenes Gesetz im Unterschiede von 'Gewohnheit' auch im *Dial. Scacc.* 203. 60a) *regni nostri* Prolog; *curia nostra* 10; *nostra praesentia* 11; *chacea nostra* 21; *nostra constitutio* 21.

hunderts zutrauen können. Die Instituta Cnuti lesen II 15 *expulsum quem Angli vocant friðleasne man*. Daraus macht Pseudo-Cnut 24: *utlegato q. A. frendlesman vocant*. Vielleicht lag ihm diejenige Classe der Instituta-Handschriften vor, welche *frenlese* oder *frendlesmanne* lesen: wir kennen solche Codices um 1200 bezw. 1300. Oder aber er vollzog dieselbe Verwechselung[60b] unabhängig. Man veränderte nämlich *ið* in *ēd* wohl deshalb, weil *frið* seit dem 12. Jahrhundert, vor dem Französischen *pais*, aus dem Englischen zurückwich und im 14. Jahrhundert erstarb. Da jedoch möglicher Weise nicht Pseudo-Cnut, sondern erst der Codex ch die Veränderung vornahm, so betrifft dies Argument Pseudo-Cnut's Zeitalter nicht sicher.

11. Eine Reihe fernerer Gründe werden wir unten[61] vorführen, um die Constitutiones sogar später als zur ersten Hälfte des 12. Jahrhunderts anzusetzen. Sie gelten natürlich umsomehr gegen Cnut's Zeit.

Um den *Ealdorman* für Dänisch und dem *Thegn* synonym halten zu können, musste die Erinnerung an die grossen Ealdormen der Angelsachsen recht lange erloschen sein.

12. Wären die Constitutiones auch nur in ihrem Kerne, ganz abgesehen von der Sprache oder überhaupt der schriftlichen Form, echt, so würden wir vor zwei unlösbaren Fragen stehen. Erstens nämlich erwähnen Cnut's Zeitgenossen[62], ohne ein Wort über Härte oder Umwälzung des Grundbesitzrechts, nur billigend, dass seine Gesetzgebung im alten Gleise blieb, und wusste man um Anfang und Mitte des 12. Jahrhunderts, als man seinen Namen als Gesetzgeber pries[63], als man dreimal[64] seine echten Gesetze ins Latein übersetzte, nichts von seinem Forstrecht. Zweitens aber, wenn um 1030 bereits ein so hartes Forstrecht, wie es die Constitutiones schildern, be-

---

60b) Mit *freondleas;* Schmid 583. 'Freundlos' bedeutet 'friedlos' II Eadw. 5. 61) S. u. 17. 18. 62) *Encom. Emmae* in *Monum. Germ.* XIX 520: *leges oppressit iniquas; Ann. Anglosax.* 1018. 63) Herman. *Mir. S. Edm.* 17; Flor. Wigorn. 1031; Will. Malmesbur.; *Leges Henr.* 20, 3. 64) *Quadripartitus; Instituta Cnuti; Consiliatio Cnuti*, ed. Liebermann 1892.

standen hätte, so würde es unverständlich bleiben, weshalb die Schriftsteller seit etwa 1080 das Forstrecht Wilhelms I. als eine völlig neue unerhörte Tyrannei verwünschten[65].

V. Entstehungszeit laut Vergleichung mit der Forstgeschichte.

13. In die Verfassung der Angelsachsen passt aber auch der von Pseudo-Cnut beschriebene oder geplante Zustand des Forstes nicht hinein. Wohl kennen die Angelsachsen die Waldwirthschaft[66]. Sie stellen Schweinemast unter Buchen und Eichen auf Bildern dar und regeln die Verhältnisse dieser Weide[67], wie die der Bienenstöcke und Gestüte, in Urkunden und Gesetzen. Satzungen über Holzschlag oder Brennen im fremden Walde, über Unfall bei gemeinschaftlichem Fällen, behandeln den Baum nicht wie andere Habe, sondern als Waldestheil gesondert. Wald ist Gegenstand von Privateigen und Schenkungen. Dem König gehören ausgedehnte Waldungen. In solcher *silva regalis*[68] gebietet er über Dienste (bezw. deren Geldersatz[69]) seitens der In- und Anwohner, auch der Vollfreien, für seine Wildgehege[70], Jagd, Jäger, Hunde und Beizvögel. Nach dem Tode seiner Thegnas erhält er deren Hunde und Falken laut Ortsgewohnheit[71] angeboten. Verfeinerter Jagd dienen bereits die vom heiligen Bonifaz in seine Heimath geschickten Stossvögel; man nennt den Hirsch 'Hochwild', unterscheidet die Rassen der Jagdhunde[72] und die Arten der Wilderlegung. Aelfric lässt einen königlichen Jäger sich hierüber aussprechen; derselbe giebt als sein Gehalt Nahrung und Klei-

---

65) Unter den Historikern, welche die *Constitutiones* für echt halten, sind Pearson und Wrottesley logisch genug, den Tadel wegen forstlicher Tyrannei von Wilhelm auf Cnut abzuwälzen; s. o. Anm. 22 f.   66) Belege bei Ellis *Domesday* I 91 f.; 103—10; Kemble *Saxons* I 159. 296. II 61. 63. 79; Freeman *Norman conq.* IV 609; Earle *Landboc* 100. 123.   67) Schmid s. v. *æfesen*; vgl. Wilda *Strafrecht der Germanen* 933.   68) Birch *Cartul. Saxon.* 321.   69) *Domesday* I 238a 1.   70) Einen 'Forst' im Normann. Sinne folgert daraus Andrews *Manor* 228 zu weitgehend.   71) *Domesday* 56b 1.   72) *Headorhundas* vermacht Byrhtric a. 950; dagegen Birch n. 366 ist falsch; *canes ad ursum* im *Domesday* II 117a. Vgl. u. S. 37.

dung, nur gelegentlich Pferd und Spange, an. Diese bescheidene Stellung, nach dem Leben gezeichnet[73], ähnelt keineswegs der eines Normannischen Försters; ebenso wenig ist ein solcher hinter den Jägern der Könige und Prinzen, die in Urkunden reich beschenkt werden[74], zu entdecken. Und wenn Wilhelms I. Cleriker von *foresta* und *forestarii*[75] unter Eadward dem Bekenner reden, so mögen entweder sie diese Ausdrücke, die in Angelsächsischen Quellen fehlen, nur aus Normannischem Wortschatz ungenau eingeführt haben (was sie, wie andere Übersetzer aus dem Angelsächsischen[76], oft thaten), oder aber Eadward mag diese wie manche Neuerung in Hofhalt und Staatsleitung aus der Normandie mitgebracht haben. *Propter forestam custodiendam* befreite er einen mit Land beschenkten Mann von Abgaben[77]. Von ihm, wie von Aelfred und Aethelstan vor ihm und Harold II. nach ihm, melden unsere Quellen Jagdleidenschaft, für Cnut folgt solche nur aus dessen Jagdgesetz; s. u. 14. — Das Angelsächsische Grossgut hatte einen 'Holzwart'[78], dem der Windfall zustand. Den Namen und dies Recht besitzt zwar im späteren Mittelalter der Woodward im Forst von Essex; aber jener und dieser stehen doch in einem gründlich verschiedenen System. Ebenso beaufsichtigte zwar der spätere Reeve den Weideauftrieb in diesem Forst[78a] wie einst der Swangerefa im Jahre 825, ohne dass aus der Ähnlichkeit der Function eine historische Continuität oder gar das Bestehen eines Forstes zu Angelsächsischer Zeit folgt. Dieser Swangerefa[79] ist ja Beamter der Shire, nicht der Krone, untersteht dem Ealdorman, nicht dem König, und beantwortet die Klage gegen ihn im Witena gemot, nicht im Forstgericht[80]. Ein Swanimot nimmt Kemble[79] ohne Beweis an. Die Möglichkeit

---

73) Er erwähnt das Verbot der Sonntagsjagd durch Aethelred VI 22, das Cnut I 15 wiederholt. 74) Earle *Landboc* 227. 363. 75) *Domesday* I 30a 1; 61b 1. 76) Quadripartitus überträgt *wuduweard* in *Rectit.* 19 mit *forestarius*. 77) Domesday 167 b 1; 61 b 1; vgl. u. Anm. 205. 78) Vgl. Andrews *Manor* 224—9. 78a) Fisher *Forest of Essex* 176. 181. 79) Kemble II 136. 178 macht zu viel daraus. Vgl. Schmid *Ges. der Angels.* S. 598. 80) Birch 386; Earle 285.

einer solchen Versammlung der Waldbewohner ist nicht zu leugnen, wie denn das Volk manches Gericht besuchen mochte, das örtlich, sächlich und persönlich beschränkt und ohne Beziehung zur Krone, daher in Gesetzen und Urkunden unerwähnt blieb; allein belegt ist ein *Swanimot* erst 1217. Freilich muss es damals schon einige Zeit bestanden haben[80a] und trägt es einen Englischen Namen. Daraus folgt aber nicht sein Dasein vor 1066, geschweige denn dass es ein nur königliches Waldgericht der Angelsachsen war. Während unter den Normannen die Jagd zum hoch aristokratischen Vergnügen, ja theilweise zum königlichen Vorrecht steigt, setzt das Vorwort (König Aelfreds?) zur Angelsächsischen Augustin-Übersetzung Waidwerk und Beize selbst bei dem Hintersassen voraus, der ein Stückchen Land nur zu zeitweiser Leihe vom Herrn besitzt, und muss ein Kanon unter Eadgar die Jagd den Geistlichen allgemein verbieten. Während sich Wilhelms I. Nachfolger bei ihren Landschenkungen die hohe Jagd vorbehalten[81], beschränkt z. B. Aethelbald von Mercien, als er Worcester einen Wald schenkt, die Kirche in dieser Weise nicht.

14. Von König Cnut rührt das erste uns erhaltene Jagdgesetz her. Dass es etwas Neues war, scheint die starke Hervorkehrung der eigenen Person zu verrathen. Es gab vielleicht[82] den Anlass, gerade ihm die Constitutiones beizulegen. Es lautet: 'Jedermann sei seiner Jagd theilhaftig in Wald und Feld auf seinem Eigen. Dagegen vermeide Jedermann meine Jagd, wo immer[83] ich diese umfriedet haben will, bei vollem Strafgelde'; II 80. Möglicher Weise[84] bezeichnet der erste Satz eine Nachgiebigkeit des Königs, der vielleicht bereits Theile der Jagd auch auf dem Boden seiner Unterthanen sich vorzubehalten Lust bezeigt hatte. Das Wort *gefriðod* bedeutet hier 'unter Königsbann gestellt, ausser (über) dem Landfrieden'.

80a) Vgl. u. 24. 81) Richard I: *renationem vero retinuimus* Cart. Ramesei. II 296; s. u. Anm. 114. 82) Über andere Möglichkeiten s. jedoch u. Anm. 167. 83) Nicht: 'look = or seho', wie Schmid überträgt, der aber S. 617 das Richtige im Wesentlichen ahnte. 84) So Kemble II 83; Freeman V 456.

Denn hätte es sich bloss um allgemeinen Rechtsschutz[85] gehandelt, so war der Zusatz ('wo — will') unnütz. Vielleicht war höhere Strafe für Wildfrevel, den die Angelsachsen wohl wie andere Germanen[85a] vom Diebstahl absonderten, das einzige, was unter Cnut den Bannwald vom anderen Walde unterschied; und daher erinnerte sich noch Pseudo-Cnut, dass *ab antiquo* (was hier wie damals oft bedeutet: vor 1066) *crimen veneris inter maiora numerabatur*, im Gegensatz zu dem als jünger gedachten *viridis*, dem Waldfrevel. Die Jagd aber bildete den älteren und den wesentlichen Theil des Forstes. 'Sie setzten Wildfrieden' sagen z. B. die Angelsächsischen Annalen von Wilhelm I. und Heinrich I., indem sie offenbar die Einführung des Forstrechts meinen; und im Gallolatein wird das Wort *chacea*, ursprünglich 'das Nehmen des Wildes, die Jagd', synonym mit 'Forst'[85b]. (Unter der 'vollen Strafe' meint Cnut das Friedensgeld neben der Busse, das Ine 43, 1 bei offenem Waldfrevel erlassen hatte.) Dieser Wildfrieden Cnut's ist also jener dingliche Friedensbann, aus welchem der Forst auch im Frankenreich entstand[86], und nicht ein Ausfluss des Bodenregals; auf letzteres konnte der Forst begründet werden erst seit der Theorie Wilhelms des Eroberers vom Obereigenthum der Krone am gesammten Grund und Boden Englands[87]. — Die Reihe der Regalsachen, die Cnut II 12—15 aufzählt, enthält den Forst noch nicht; erst die Leges Henrici fügen, indem sie die Stelle benutzen, ihn hinzu; 10, 1. Dieses Rechtsbuch giebt für Holzschlag den technischen Ausdruck *wudehewet* in spät-Angelsächsischer Form 23, 2; es zeichnet den Fall aus, wo solche *nemoris caesio in parco regis vel foresta* geschieht; vermuthlich wusste es für diese eingehegten Wälder also keinen Angelsächsischen Ausdruck, folgte nur für den Anfang des Satzes Altenglischer Tradition und fügte den Ausnahmefall aus eigener

---

85) Nur diesen bedeutet *friþ* in II Edw. 4; Had 1. Der Angelsächsische Annalist sagt von Heinrich I.: 'Er setzte grossen Frieden für Wild und Mensch', wo das Wort im ersten Falle Königsbann, im zweiten Rechtsschutz bedeuten muss. 85a) Brunner, *Dt. Rechtsg.* II 639. 85b) S. u. S. 44. 86) Brunner II 38. 75. 87) Vgl. Schröder *Dt. Rechtsg.* 189. 204.

Kenntnis des neuen Rechts seiner Gegenwart hinzu. Auch sonst begegnet kein Englisches Wort für Forst oder Königsförster. Die Beamtenhierarchie, das Forstgericht, die Forstverwaltung, die Eintheilung der Jagdthiere in königliche, forstliche und nicht forstliche, das Verbot Jagdgewehr oder Hunde in den Königsforst mitzuführen, überhaupt die Aussonderung von Rechtsnormen aus dem allgemeinen Landrecht, die für den Forst allein gelten und mehr als die übrige Reichsverfassung vom Belieben des Königs abhängen — das alles ist Angelsächsischen Quellen fremd. In mehreren Stücken widerspricht Cnut dem Rechte des 12. Jahrhunderts, so dass, wie wir oben [88] sahen, unser Fälscher einige Worte interpoliren musste: der König übt noch keine Jagd auf dem Grundbesitze Anderer; er behält sich nicht die Edelhetze vor; und er straft Wildfrevel mit Friedensgeld, nicht mit Vermögenseinziehung, Verbannung, Verstümmelung oder Tod, nicht nach besonderem Strafrecht in besonderem Gericht, sondern nach Landrecht.

15. Die Englische Geschichtschreibung des eilften Jahrhunderts blieb für die Entwicklung der Staatsverfassung, besonders aber für allmähliche organische Umbildungen, blind. Dass Wilhelm I. 'grossen Wildfrieden setzte und Gesetze darob festlegte', vermerkte sie dennoch deutlich. Wie einschneidend muss die Neuerung, wie schwach müssen die etwa unter Cnut vorhandenen Keime zum Forstrecht also gewesen sein! — Als Heinrich I., bei der Thronbesteigung, seines Bruders Ungesetzlichkeiten abzuschaffen versprach, wählte er für das herzustellende Landrecht den Ausdruck *Lagam Eadwardi cum (Willelmi I.) emendationibus*, nannte dagegen das Forstrecht *forestas sicut pater habuit*, ohne Erwähnung Angelsächsischer Zeit. — An des Eroberers Forstregiment heftete sich ferner glühender Hass des Volkes: der Himmel selbst schien ihn zu strafen, als seine Nachkommen auf der Jagd verunglückten. Wohl haben des Eroberers vier Nachfolger das Forstrecht hart geübt, über weitere Bezirke erstreckt, mit Rechtskniffen feiner

---

88) S. o. S. 12; u. S. 23.

ausgebildet und schriftlich systematisirt. Aber begründet hat es Wilhelm I.; seinem Sohne Wilhelm dem II. legen die Pfaffen sonst alles Schmähliche zur Last, aber nicht die Erfindung des Forstrechts.

Nicht, oder doch nicht 'wesentlich den Neuforst'[88a] in Hampshire, überhaupt nicht die Einforstung eines Bezirkes, sondern die Einführung eines neuen Rechtes oder die unerhörte Verschärfung eines alten meint der Angelsächsische Annalist unter dem 'Wildfrieden'. Sonst wäre unerklärlich, dass der Hass dagegen weit über die Südküste hinaus alle Classen Englands ergriff, während doch z. B. der Wüstlegung Yorkshires nur das Volk in Nordengland länger gedachte.

Ein fernerer Grund, das Englische Forstrecht zu den vielen Entlehnungen Normannischer Cultur[89] zu zählen, liegt darin, dass die Fränkische Verfassung[90] den Forst deutlich vorgezeichnet enthält. Ihn in England einzuführen, erlaubte dem Eroberer das Obereigenthum am Boden.

16. Erst von des Eroberers Urenkel Heinrich II. ist eine Forstassise erhalten. Der Forstzustand bis dahin ist aus einzelnen Nachrichten nur bruchstückweise herstellbar.

Schon das Domesday scheidet die offene *silva* (= *nemus*) vom *parcus* (*silvaticarum bestiarum*). Beide kann ebenso wie der König auch ein Unterthan besitzen[91]. Dagegen *Foresta* im engeren Sinne[92] ist ein königlicher Bezirk gesonderten Rechts. Die Foresta des Grafen von Chester[93] bildet keinen Gegensatz, sondern nur eines der verschiedenen diesem Pfalzgrafen ausnahmsweise eingeräumten Regalien. Das Recht, dem der Bezirk untersteht, macht ihn zum Forst, nicht der waldige Boden, denn innerhalb des Forstes liegen auch waldlose

---

88a) Freeman IV 6. 11. Dass Wildfrieden nicht den Bezirk bedeutet, beweist die parallele Characteristik von Heinrich I.: 'Er setzte grossen Frieden für Wild und Mensch'. 89) So auch Freeman V 401; Stubbs, wie immer, kurz, doch im Wesentlichen richtig I 289. 302. 384. 403. 471. 489. 90) S. o. Anm. 86 f. 91) *Dom.* 8a 1. 12a 1; vgl. *Leges Henr.* 37: *nemus, parcum, forestam.* 92) Die *foresta* des Grafen von Eu (18b 2) ist streng genommen nur ein *parcus*. 93) 263b 2; 268b 2; 269a 2.

Ländereien, noch auch der Stand des Eigenthümers, denn nicht jeder Königswald ist Forst, und nicht die gesammte Forstfläche gehört dem König unmittelbar. Unter den *Forestarii* sind begüterte Grundbesitzer [94]. Freilich ist noch Anfang des 12. Jahrhunderts dieser Amtstitel nicht streng gesondert von dem der *Venatores regis* [95] und *Custodes silvae* [96].

Nach dem Angelsächsischen Annalisten schied Wilhelms Gesetz: 1) Hirsch und Hinde, 2) Eber [97] und 3) Hasen. Ähnlich nennen die Constitutiones nur den Hirsch *fera regalis* oder *veneris*, den Eber *fera forestae* und trennen von dem Entgelt für jene den für den Hasen. Die Auszeichnung der Hirschjagd kennt Johann von Salisbury [97a], und Heinrich I. verleiht bezw. bestätigt Abteien Waldungen (sammt der Jagd auf Rehe), mit ausdrücklicher Ausnahme der Jagd auf *cervos et cervas* [98] (bezw. *et porcos* [99]). Wilhelm, sagt der Annalist, setzte für Tödtung von Hirsch und Hinde Blendung als Strafe; es ist vermuthlich 'innerhalb des Forstes' hinzuzudenken. Auch Pseudo-Cnut ordnet nur innerhalb des Forstes für Wildfrevel an der *Fera regalis* die strengste Strafe an. Blendung und Castration vollstreckte Wilhelm I. als Ersatz der Todesstrafe [100]. Heinrich I. [100a] beraubte Hirschdiebe der Augen oder der Hand. Unter ihm, und vielleicht um ihn gegenüber dem Bruder milder erscheinen zu lassen, sagt Wilhelm von Malmesbury [101]: es war unter Wilhelm II. *capitale supplicium prendisse*

---

94) Einen der ersten Magnaten als Königsförster kennt Spelman bei Wilkins, *Leges Anglosaxon.* 287. 95) Croc, der unter Wilhelm II. das Försteramt ausfüllt und Forstgericht abhält (s. u. Anm. 105) heisst auch *venator; Chron. Abingdon.* II 82. 94. Vgl. u. Anm. 130. 96) *Dom.* 172a 2. 97) 'Bären' [s. u. Anm. 233] ist Übersetzungsfehler. Zum Worte 'verbot' ergänzt Thorpe: 'zu tödten'; ich denke 'anderen' hinzu; denn schon das Aufstören des Wildes kostete Strafe. 97a) *Polycrat.* I 4. 98) *Chron. Abingdon.* II 114; das Bild eines Königs, der unbewaffnet mit Hunden hinter einem Hirsch galoppirt, um 1300 gemalt, facsimilirt Hall *Court life under the Plantagenets.* 99) *Chron. Ramesei.* p. 218; vgl. u. Anm. 105. 100) Artic. 10. Ähnlich im Frankenreiche; Brunner II 64. 78. 100a) Galfrid von Monmouth VII 3: *pacem habebunt ferae et humanitas supplicium dolebit.* 101) *Reg.* IV 319; vgl. Freeman *Will. Rufus* I 155.

cervum [102]. Pseudo-Cnut verhängt den Tod nur über villane Wildfrevler.

Die Vermögenseinziehung, die er für sonstigen Wildfrevel festsetzt, kennt auch Johann von Salisbury. — Von der Anklage auf Hirscherlegung reinigte man sich unter Wilhelm II. durch das Ordal des heissen Eisens [103]. Die Constitutiones lassen dies Beweismittel nur noch ausnahmsweise zu.

Auch die Forstgerichte führte wohl bereits Wilhelm I. ein. Wahrscheinlich gründete der grosse Organisator den 'Neuen Forst' nicht ohne eine Reihe schriftlicher Ordonnanzen, die, wie so viele seiner nothwendig anzunehmenden Gesetze oder Verwaltungsordnungen, uns verloren sind. Wenigstens Wilhelm II. behielt sich, als er einer Abtei Wald schenkte, die Aufsicht der *forestarii de bestiis et essartis* vor [104]; und sein *Croc venator LX sol. super homines* (der Abtei Malmesbury) *placitaverat* [105]. Periodische Besichtigung durch Jagdhundwärter und Rundgänge der Falkner bildeten vor 1100 eine Landplage, der Heinrich I., wie ein Schmeichler um 1114 lügnerisch rühmt, den Schrecken benommen haben soll [106], und die in der periodischen *forestarum visio* [107] mit den *forestariorum causationes* [108] sich fortsetzte. Die Leges Henrici kennen das *Placitum forestarum* als *multiplici incommoditate vallatum*, im Gegensatz zum landrechtlichen Strafprocess. Heinrich I. erbte des Eroberers Talent für Organisation und Rechtskniffe, dessen

---

102) Joh. Sar. sagt 1159 von mehreren Königen: *in vindictam ferarum (homines) exquisitis suppliciis subiugarent; .. hominem pro bestiola perdere;* Verstümmelung stehe schon auf forstwidrigen Vogelfang. Wilhelm von Newbury berichtet: Heinrich I. *cervicidas ab homicidis parum discernebat*. Kein Beispiel bei Henderson *Verbrechen und Strafen* 44. 103) Eadmer *Nov.* II. 104) *Chron. Ramesei.* 210. 105) *Reg. Malmesb.* I 330. 332; vgl. o. Anm. 95. 106) *Quadripartitus* 88. Dagegen scheint kein Forstgericht gemeint, wenn Johann von Salisbury den *Venator*, welchem die dem Königsbeamten gebührende Gastung verweigert worden ist, klagen lässt *in centuria* (Hundertschaft) *aut foro praesidis vel proconsulis* (Sheriff) *aut fortasse in concilio*. 'Praeses' ist Justicia regis, (s. Anm. 145) wie *Praesidens regnum* Capitalis justiciarius; Dial. scacc. p. 205. 107) *Chr. Ramesei.* 214. 108) *Chr. Abingdon.* II 113.

Geldgier und Jagdleidenschaft[109]; er verschärfte dessen Strenge zur Grausamkeit. Einem solchen König ist die Verhärtung und Ausbildung des Forstrechts von vorneherein zuzutrauen. Das Versprechen, alles vom unmittelbaren Vorgänger Eingeforstete zu entforsten, das er in dem Krönungsfreibrief implicite gab, hielt er wahrscheinlich ebensowenig wie Stephan das seinige von 1135[110]. Regelmässig gingen königliche *reguardatores per forestas ad faciendum reguardum* vor 1154, also wohl schon unter Heinrich I.[111] — Dieser soll jene Lähmung der Hunde Privater in oder nahe königlichem Forst eingeführt haben[112], die Pseudo-Cnut *genuiscissio* nennt. Vielleicht weil sie noch ungewohnt war, bedauerte sie der Compilator der Leges Henrici als *misera;* 17. Dass sie unter Heinrich I. geübt wurde, steht in vielen Quellen[113]. — Ferner *omnem renationem totius Angliae sibi peculiarem vindicavit, paucis nobilioribus in propriis saltibus permisit*[112]. Hier bedeutet *renatio* die Hetzjagd auf Edelwild, synonym mit *fugatio* und *chacea*, und sind Wälder des Adels, die ausserhalb des Forstes[114] liegen, gemeint. Solche *boscos extra metas reguardi, in quibus renatio regis pacem habet*, erwähnt auch Heinrichs II. Assise c. 4. Vielleicht hat Ordric Recht, dass erst Heinrich der Krone die Edeljagd als Prärogative vorbehielt; und wenn schon Wilhelm I. dem Erzbischofe von Canterbury die Hirschjagd auf dessen Manor bestätigte[115], so geschah dies möglicher Weise nur zum Schutze gegen Ansprüche der Londoner. Dagegen liess sich London die früher lang geübte Hetzjagd bestätigen, als wenn sie erst Heinrich's I. Genehmigung bedürfte. Gemäss solcher Anschauung nimmt Pseudo-Cnut von der durch Cnut erlaubten

---

109) Der Hof verspottete ihn deshalb schon als Prinzen; Wace *Rou* 10566. 110) Henr. Huntingdon. VIII a. 1136. 111) Dies folgert richtig aus Charta forestae a. 1217 c. 5 Hale *Registr. Wigorn.* p. LXXXIV. 112) Ordric XI, ed. Le Prévost IV 238. 113) Charta for. 1217 c. 6. *Canes solebant impediari* bis zu einem Regierungsjahre noch Heinrichs I.; Blount *Tenures* ed. Hazlitt 305. *Pedes latrantium truncabuntur;* Galf. Mon. VII 3. 114) So Joh. Saresber.: *feras sibi vindicare in omnibus ubicumque* [also auch ausser Forst] *sint, acsi claustri sui indagine universa cinxisset.* 115) Round *Athenaeum* 30. June 1894, 838.

Venatio (die er also hier im weiteren Sinne fasst) die *Chacea*, die Edelhetze, aus [116].

Dass Wolf und Fuchs im Gegensatz zu jenen drei Thierclassen, an denen der Forst die Jagd dem Könige vorbehielt, eine vierte Gruppe bildeten, folgt aus dem Schweigen des Angelsächsischen Annalisten von ihnen. Auch Johann von Salisbury sagt, dass sie nicht kunstmässig gejagt wurden. Pseudo-Cnut setzt auf das Erlegen des Raubthiers an sich keine Busse, sondern nur eine kleine Forstbruch-Geldstrafe, wenn es im Forst geschah.

Unter Heinrich I. wurde *Foresta* bereits den Regalien der Krone beigezählt [117]. — Das seinen Namen tragende Rechtsbuch, in dem manche Spur seiner echten Gesetze steckt, birgt, wie mir scheint, seine königliche Instruction [118] an die provinziellen Forstrichter, vielleicht 'Barones errantes' der Curia regis, welche Rügefragen [118a] sie beim Forsttage an die Gerichtsfolger stellen sollen. Denn wie die *Capitula reguardorum* aus Heinrich's II. Zeit [119] beginnt der Abschnitt *De essartis*, stellt *De obviatione cum canibus* fast (wie jene ganz) ans Ende, enthält *De gestatione arcus in foresta* und einen Paragraphen über Holzschlag. Also waren unter Heinrich I. *omnes calumniae de materia aliqua tangente forestam*, wie die Constitutiones sagen, bereits getrennt von den anderen Kronklagen. Ferner schied danach schon Heinrichs I. Forstrecht *essartum* [120] von *caesio*, Forstlichtung vom Fällen einzelner Bäume, sowie die Constitutiones das Schneiden von *boscus* vom Hauen der *arbor* unterscheiden. Wer Wald innerhalb des Forstes besass, durfte nur *per visum custodum forestae* ihn fällen [121], wie von Pseudo-Cnut dazu *licentia primariorum forestae* gefordert wird.

---

116) S. o. 9.   117) Leges Henrici I. 10, 1.   118) C. 17 *De placito forestarum*. Wohl nicht die Rubriken einer verlorenen Forstassise. 118a) Forstfrevel sind Gegenstand des Rügeverfahrens 802—1877; Brunner II 491.   119) Bei Hale (*Registr. Wigorn.* 96a), dem die andere kürzere Überlieferung, durch Hoveden ed. Stubbs II 243, entging. Gegen frühere Entstehung spricht die Unterscheidung von *essarta nova et vetera*.   120) Abgaben von Forstrodungen standen schon vor 1135 fest; Ric. fil. Nigelli *Dial. de scacc.* I 11, ed. Stubbs *Select charters* 204 f.   121) *Dial. scacc.* von

Unter Heinrich I. festigte sich die technische Unterscheidung *viridis et veneris* (Holz und Jagd), die den Constitutionen geläufig ist[122]. Unter ihm hiess der Oberförster von Berkshire *forestarum primas*[123], woran unser Fälscher vielleicht bei seinen *primarii forestae* gedachte.

Diese Forstverfassung Heinrichs I. musste erst eine Zeit lang Wurzel gefasst haben, ehe sie ein Fälscher einem Könige der Vorzeit beilegen konnte. Aus inhaltlichen Gründen also, ganz abgesehen von der Benutzung der Instituta, folgt, dass die Constitutiones nach etwa 1130 verfasst sind. Freeman[123a] setzt sie vor 1135 an, wohl um ein halbes Jahrhundert zu früh.

Die bisher besprochenen und manche andere[124] Eigenthümlichkeiten des Forstes, die unter Heinrich I. bestanden, blieben im Wesentlichen etwa 1130—1216 gleich. Stephan hielt zu Wild- und Waldschutz 1136 persönlich Forstgericht[125]. Auch Pseudo-Cnut kennt des Königs Gegenwart im Forstgericht. Wenn Stephan auch das Versprechen der Einschränkung der Forsten brach, so konnte er, der den Grossen ja so viele Kronrechte opfern musste, das Forstrecht mindestens nicht weiter entwickeln.

17. Dagegen Heinrich II. stellte im Forst wie sonst die 'grossväterliche Verfassung' her. Wenn Ralf Niger[126] Hein-

---

1177, nicht als neues Recht, also als vor 1135 bestehend. Vgl. über Heinrich II. Ralf Niger ed. Anstruther p. 168: *Nulli infra metas forestae in lucis propriis virgas colligere* [d. i. Holzschneiden] *aut sylvestria in agriculturam agendi* [d. i. Essart] *potestatem concessit sine forestariis*. Als Gunst gewährt Richard I. *in propriis boscis siccum et viride sine visu forestariorum;* Cart. Ramesei. II 296. Vgl. u. Anm. 156.

122) Henr. Huntingdon. a. 1136 p. 260. Vgl. o. p. 17. Das 'Inquest of sheriffs' von 1170 spricht im selben Sinne von *foresta* neben *bestiis*.
123) *Chron. Abingdon.* II 7. Hier heissen die Vornehmen beim Grafschaftstage zu Oxford unter Heinrich I. *primores* II 120; so nennen die Constitutiones *primarii homines* Cnut's oberste Forstrichter.   123a) S. o. Anm. 29. Ein Argument für diese frühe Ansetzung s. u. S. 31, Z. 22.
124) Z. B. die Verzehntung des Forstertrags zu Gunsten von Kirchen; vgl. *Hist. S. Petri Gloucestr.* I 74; *Registr. S. Osmundi* I 201. 206; *Leges Edw. Cf.* 8, 2.   125) Huntingdon l. l.   126) Ed. Anstruther 168.

rich's II. *legem de forestis inauditam* nennt, so kannte wohl schon er gleich uns nur kein früheres schriftlich publicirtes Forstgesetz und grollte dem König ausserdem wegen Missachtung der Exemption Geistlicher vom weltlichen Gericht. Allein thatsächlich strafte der zweite Heinrich Forstfrevel milder als der erste[127]. Der Forst griff jedoch unter Heinrich II. geographisch weiter um sich[128]; wegen Forstfrevel flohen die Leute von einer Grafschaft in die andere[129]; was unter Heinrich I. noch schwankte, fand nun schriftliche und systematische Festigung; endlich traf Heinrich II. bestimmte einzelne Anordnungen, die der Fälscher der Constitutiones zu kennen scheint.

Während noch Heinrich I. Mandate über Holzausfuhr aus dem Forst neben den *Forestariis* auch *Venatori* oder *Falconario* adressirt hatte[130], verwirrt Pseudo-Cnut nirgends mehr Beamte und Jäger. — Bei den Geldgehältern, die er den Beamten bewilligt, steht er vielleicht unter dem Einfluss der *Constitutio domus regis*[131], die unter Heinrich I. begonnen, unter Heinrich II. aufgezeichnet scheint. Nach dem Fälscher erhält nämlich jeder Forstprimar täglich 6½ Denare, nach dem 'Königshaushalt' erhalten *milites venatores 8 d. in die,* nach jenem bezieht jeder *minutus* und nach diesem *leporarius obolum in die.* — Beizvögel- und Menageriewärter fehlen in den Constitutiones de foresta, wohl weil unter Heinrich II. der Constabularius sie besoldete[132]. — Pseudo-Cnut eximirt alle Forstbeamten von gewissen Steuern und Lasten, ebenso wie damals die Exchequerbeisitzer Immunität von anderen Abgaben beanspruchten[133]. — Er stellt die Forstbeamten gegen Gewaltthaten durch das Volk sicher durch Androhung harter Strafen bei Widerstand gegen die Staatsgewalt und bestimmt bei wiederholter Gewaltthat gegen die Primarii den Tod sogar für Vollfreie. Diese Todesstrafe vollzog Heinrich II. 1176 an *4 milites*

---

127) Will. Neuburg. III 26.   128) Magna charta 53; Charta for. (1217) 1; *Cart. Ramesei.* II 299; Fisher *Forest of Essex* 20. 25.   129) Ass. Clarendon. 1166 c. 17.   130) *Chron. Abingdon.* II 78; vgl. o. Anm. 95. 131) Ed. Hearne *Liber niger scacc.* 356.   132) Dial. scacc. I 5; p. 180. 133) Ebd. 198.

de morte forestarii regis et sociorum offenbar nicht wegen blossen Todtschlags, sondern weil die Mörder den vom König befriedeten Beamten erschlagen hatten, vermuthlich aus Hass gerade gegen sein forstamtliches Wirken.

Die Constitutiones sehen den Fall vor, dass Förster (vom erbitterten Unterthanen) geprügelt wurden: ein solcher wurde 1208 mit schwerem Gelde gebüsst[134].

Sie bestimmen *quater in anno generalis forestae demonstratio*. Entweder ist *tertio anno* zu emendiren und an die *reguarda (visitatio) nemorum*, mit Besichtigung der *Essarta*, die seit Heinrich II. galt, zu denken, oder anzunehmen, dass der Verfasser die Zuständigkeit dieses Gerichts vermengte mit der Periode der Reiserichter-Assisen, welche die Magna charta c. 18 (und das Programm der Reformer vielleicht schon ein Menschenalter früher) *per quattuor vices in anno cum quattuor militibus* ansetzte.

Der Fälscher lässt die Primarii *cuncto populo* Forstrecht sprechen; so fordert die Forstassise[134a]: 'alle Unterthanen *veniant ad summonitionem magistri forestarii sui.*'

Unter den Beweismitteln des Rechtsganges besteht noch das Ordal, das des Feuers bleibt für Ausnahmefälle. Regelmässig also gilt das des Wassers: wie in der Assise von 1176.

Unter den Verstümmelungsstrafen kennt Pseudo-Cnut nur das Handabhauen, welches durch Richard I. für Forstfrevel abgeschafft worden sein soll; s. u. S. 31. Er verordnet es aber bloss bei schwererem Vergehen, nämlich beim Widerstande gegen die Forstrichter, und auch da nur für den Villan. Gar nicht erwähnt er jene Blendung oder Entmannung, die die Normannischen Könige verhängten. Die Assise der beiden ersten Plantagenets drohte sie zwar weiterhin an, und zwar ohne Unterschied des Standes der Frevler; und der Schatzmeister[135] nannte 1177 körperliche Forststrafe neben Geldbusse als gesetzlich. Aber dass sie wirklich vollstreckt worden, erfahren

---

134) Fisher 97.   134a) 11; s. Anm. 146.   135) *Dial. scacc.* I 11 p. 206.

wir auch 1175 und 1179 nicht[136], als die Zeitgenossen[137] bitterlich über viele andere Bestrafungen von Forstvergehen klagten. Seit 1217 *nullus amittat vitam vel membra pro venatione*. Wenn also Pseudo-Cnut über freie Wildfrevler gar keine Körperstrafe, über keinen Wilderer Verstümmelung verhängt und nur den Villan zum Tode verurtheilt, der (oder dessen toller Hund) einen Hirsch tödtet, so steht er in der Mitte der forstrechtlichen Entwicklung von Heinrich I., der die Todesstrafe oder deren Ersatz in Verstümmelung dem Wildfrevler zuerkannte, zu Heinrich III., der sie abschaffte. Nicht bloss im Strafrecht genoss ja der Villan Rechtsmilderungen später als der Freie. — Pseudo-Cnut lässt die Strafen für jede Missethat stark abweichen je nach dem Geburts- und Berufsstande des Thäters, d. h. auch nach dessen Geldvermögen. Eine solche verschiedene Strafabmessung *regis arbitrio vel familiaris ad hoc specialiter deputati* ist unter Heinrich II. bezeugt[134].

Freiheitsstrafe[138] und *Utlagatio*[139] für Forstfrevel, strenge Ahndung jeder Störung (ohne Erlegung) forstlichen Wildes, Strafverschärfung bei Rückfälligkeit[140], wie sie unser Denkmal vorschreibt, stimmen zu Heinrichs II. Justiz.

Pseudo-Cnut's Satz *Barones, si regales feras occiderint, restabunt rei regi pro libito suo sine certa emendatione* entspricht der Thatsache, dass Heinrich II. 1175 trotz Zusage straffreier Jagd hohe Barone *posuit in misericordia pro venatione*[141]. Und wie jener Fälscher Bischöfe und Äbte in Bezug auf Wildfrevelstrafe nicht trennt von den Laienbaronen, sie also vor den Forstrichter stellt, so liess sich, zum Ärger des Clerus, auch des höfischen, Heinrich II. vom Römischen Legaten das Recht bestätigen, geistliche Forstfrevler vor sein weltliches Gericht zu fordern[142].

---

136) Vgl. Henderson, *Verbrechen und Strafen* 44. 137) Rad. Diceto I 402. 138) Diceto 1179; App. ad Assis. for. 16. 139) Charta for. 1217 c. 15. 140) Die Forstassise verhaftet dabei *proprium corpus forisfacientis* ohne Verbürgung; 12; vgl. u. Anm. 200. 141) Benedict abbas I 94; über *misericordia* vgl. Brunner II 66. 142) Boned. I 105; Diceto I 402. 410; Assisa c. 9.

Pseudo-Cnut's Ständeeintheilung passt allenfalls zu Heinrich's II. Zeit. Während man unter Heinrich I. noch wusste, dass jeder Thegn zu den Vollfreien zählte, stellt Pseudo-Cnut den 'Minderthan' tiefer. Die verschiedenen Classen abhängiger Leute, vom bäuerlichen Hintersassen bis hinab zum Sklaven, scheidet er nicht, sondern wirft, ebenso wie Richard fitz Nigel und Walter Map, den *Villanus* mit dem *Servus* zusammen, von dem ihn das Domesday 1086 noch deutlich sondert. Er rechnet den Mittelstand nicht zu den *Liberales*, ebenso wie jener Richard den reichen Bürger und Gewerbtreibenden, der doch zweifellos frei war, nicht zu den *Liberi* zählt[143]. Über die *Liberales* stellt er die *Barones*, ebenso wie die Assise von 1184 *Comites, barones, franco tenentes* aufzählt.

Er lässt durch den Eintritt ins Forstamt den Mittelfreien *(mediocris)* zum Adligen *(liberalis)* und den Unfreien *(servus)* zum Freien *(liber)* aufsteigen. Eine Standeserhöhung, bezw. wenigstens ein Vorzug im gleichen Stande, kam damals den Unfreien zu, die in eine Königsstadt auswanderten oder auf alter Krondomäne sassen[144]. Zwar nicht die blosse Wohnung, aber der amtliche Dienst im Forst mochte ähnlich wirken, vielleicht ohne ausdrückliche Verordnung, wenigstens thatsächlich. Heinrich II. durchbrach ja auch sonst die Geschlossenheit der Geburtsaristokratie zu Gunsten tüchtiger oder ergebener Beamter, und zwar besonders der Förster, wie die Gegner[145] der absoluten Krone klagten.

18. Besonders aber scheint Ein Zug der Constitutiones, die Collegialität von vier höchsten Forstbeamten in je einem Landestheile, die keinem Reichsförster, sondern unmittelbar dem König *in curia nostra regali* verantwortlich sind, zu Einer Periode Heinrich's II. zu stimmen. Während nämlich zumeist

---

143) *Dial. scacc.* II 13 p. 234 f. 144) Heinrich I. schon liess unter Abingdon's Herrschaft Leute zurückbringen *qui de terra [abbatis] exierunt propter herberiam curiae meae;* Chr. Abingdon. II 82. 145) Joh. Saresber.: *Officium praesidendi* [d. h. justiciae regis; s. o. Anm. 106] *a renatoribus mutuatur;* Ralf Niger 167: *Ex servis forestarios super provincias constituit.*

nur Ein Reichsförster existirte[146], wie z. B. 1167 Alan Nevill die Forstgerichte abhielt[147], und Hoveden zu 1198 wiederum einen *summum iusticiarium forestarum* erwähnt, meldet ein von der Curia regis genauestens unterrichteter Chronist[148] zu 1184: *Rex divisit forestas in plures partes et unicuique parti praefecit IV iusticiarios et constituit II servientes custodes venationis et viridis.* Pseudo-Cnut beginnt: *Sint iam deinceps* (künftig, im Gegensatz zu früherer Forstverfassung) *IV in qualibet provincia ad iusticiam forestae; sub quolibet horum IV yongren* (Unterbeamte) *curam viridis et veneris suscipiant.* Eine Beamtenhierarchie folgt zwar nicht aus jenem Chronisten, wohl aber aus anderen Zeugnissen: so unterstehen nach einem Gesetze von 1170[149] den *forestarii* die *balliri eorum.* Zwischen 1184 und 1198 erging eine Verordnung, die bei Hoveden[150] und in anderen Handschriften dem Gesetze von 1184 angehängt ist, aber theilweise[146] ihm widerspricht: *in quolibet comitatu ponantur XII milites ad custodiendum venationem et viridem cum foresta et IV milites ad agistandum boscos.* Möglicher Weise benutzte unser Fälscher auch sie oder schrieb doch unter dem Geiste, der diese Reform anregte. Denn auch er fordert, seine Primarii forestae sollen den Ritterrang mit Grundeigen in der betreffenden Provinz besitzen, und zweitens auch die mittleren Beamten sollen kraft Amtes vollfrei sein und ein Colleg von vieren bilden.

Für eine Abfassungszeit der Constitutiones nach 1177[151] spricht der Umstand, dass der damals am 'Dialog vom Exchequer' arbeitende Schatzmeister sie nicht kennt. Wie gern hätte er sonst die Verantwortung für die ihm verhasste Willkür, Un-

---

146) Dial. scacc. 204. Auch der Anhang (Stubbs *Sel. chart.* 157) zur Assise von 1184 erwähnt des *magistri forestarii*, kann also nicht zu 1184 gehören, so dass Hoveden II 245. IV 63 und andere von Stubbs (Benedict II p. cxxi) verglichene Handschriften spätere Zusätze bieten müssen.
147) Stubbs *Constit. hist.* I 471⁶; und in *Benedict* I 323; Hoveden IV 63.
148) Benedict I 321.   149) 'Inquest of sheriffs' 7.   150) II 246. IV 64. Andere *IV milites de comitatu* sind die Urwähler für die Juries 1194.
151) Vgl. o. 10 über den Pluralis majestatis.

gerechtigkeit und 'unerlaubten Erträgnisse'[152] des Forstrechts von seinem bewunderten König abgewälzt und dem verschollenen Dänenherrscher zugeschoben! Dieser Exchequerbeamte deutet nur zögernd und verblümt an, was Männer ausserhalb der Regierung deutlicher aussprachen. *Forestarii foris stabunt a regno Dei*, sagte der heilige Bischof Hugo von Lincoln, den Heinrich II. hoch verehrte; seinem Jünger und Biographen galt das Forstrecht als *iniuriosa iurisdictio; tyrannidi forestariorum violentia pro lege est*[153].

19. Was uns von Richards I. Regierung bekannt ist, veranlasst uns, sie für menschlicher zu halten als den von Pseudo-Cnut geschilderten Zustand, den Fälscher also deshalb und aus oben erwähnten Gründen früher anzusetzen. Dieser König war selten in England, nahm also wohl an der Jagd weniger Antheil; sein Wesen widerstrebte ebenso grausamer Strafe wie systematischer Rechtsbildung, die sich in den Verordnungen des ersten bezw. zweiten Heinrich ausdrückt. Thatsächlich regierten unter Richard I. in England Verwandte und Gesinnungsgenossen jenes Schatzmeisters Richard fitz Nigel, dessen Abneigung gegen das Forstrecht wir oben darlegten. Diese geistlichen Beamten, am Exchequer erzogen, bildeten wohl die fiscalische Seite der Rechtspflege weiter aus, umsomehr als der König die Insel fast nur als Geldquelle benutzte. (In ihrem Sinne haben sogar später, nachdem die Magna charta die erste Bresche ins Forstrecht gelegt hatte, die Bischöfe zu Gunsten des Fiscus gegen die Verschüttung dieser Finanzquelle protestirt[154a].) Freilich wurde 1198 das Forstgesetz von 1184 mit den Strafen des Blendens und Entmannens nochmals publicirt in erweiterter Form. Aber der selbst einst als Forstrichter thätige Roger von Howden[154b] lässt diese Strafen aus seiner Gesetzsammlung fort.

---

152) *Foresta subsistit non communi iure sed voluntaria principum institutione . . . Non iustum absolute, sed iustum secundum legem forestae* I 11; p. 206 . . . *illiciti questus* II 11 p. 232.   153) Walter Map 7; Magna Vita Hug. 176. 125.   154) S. o. Anm. 147.   154a) Rymer *Foedera* I 134.   154b) Ed. Stubbs II 245.

Und ein jüngerer Zeitgenosse[155] meldet: Richard I. ersetzte als Strafe für diebische *Venatio in foresta* das von den Vorgängern geübte Blenden, Castriren, Abhauen von Hand oder Fuss durch die Abschwörung des Reiches und Kerkerhaft. Letzteren beiden Strafen fügte die Charta de foresta 1217 Geldbusse als fernere Alternative hinzu. Wenn nicht etwa Wendover diese Reform, dem verehrten Kreuzfahrer zu Liebe, grundlos vordatirt hat, so ist also Pseudo-Cnut älter als Richard's Zeit. — Auch kennt er die *Abiuratio regni* noch nicht.

Jene Assise von 1198 fordert für Holzfällen im Forst die Erlaubniss der Förster *et viridariorum*. Letztere zwei Wörter sind ein Zusatz zum Gesetz[156] Heinrich's II. Ebenso kommen bei Pseudo-Cnut noch keine *Viridarii* vor. (Freilich vermied der Fälscher absichtlich, wohl zu Gunsten seiner Angelsächsischen Maske, wenn nicht aus pedantischer Vorliebe für antike Form, manche technischen Ausdrücke seiner Zeit wie *iusticia* (Richter), *forestarius, essartum, reguarda, parcus, warenna*[157], *comitatus, libere (franco) tenens, imprisionare*. Aber für alle diese erkennen wir die Begriffe dennoch deutlich.)

Dass er gerade Cnut's Maske wählte, stimmt ferner zu den Anschauungen des zwölften, nicht des dreizehnten Jahrhunderts, zu einer Zeit nahe Heinrichs I. Periode, in welcher drei Rechtsbücher sich mit Cnut's Namen schmückten oder Cnut, mit zwei grossen Historikern[158], als Gesetzgeber priesen, während dieser Dänenherrscher schon in einer wenig späteren Anschauung, die um 1130[159] und 1210[160] sich ausdrückt[160a], als Störer der Rechtscontinuität galt. Die Juristen, die etwa 1130 bis 1330 gewisse Rechtssatzungen früheren Königen fälschlich beilegten, bedienten sich dazu der Namen Arthur's[160], Aelfred's[161],

---

155) Roger Wendover a. 1232, ed. Coxe IV 234; daraus Mat. Paris, *Chr. mai.* III 213. 156) S. o. Anm. 121. 157) Privilegien darüber datiren nicht erst seit König Johann; s. *Chron. Ramesei.* 229. 283 von 1114—20. 158) S. o. Anm. 63. 159) *Leges Edwardi Confessoris* 34. 160) *Leges Angl. s. XIII in. London.* 160a) Am stärksten 1257 bei Johann von Wallingford ed. Gale 549. 161) Andreas Horne.

Aethelstan's[162], Eadward's des Bekenners[159], Wilhelm's I.[160] und Heinrich's I.[163]

Für Innocenz des III. Zeit wäre es ausserdem zu reactionär gewesen, das Ordal des glühenden Eisens[163a] im Forstprocess anzuordnen; auch Äbte[164], die wegen Hirschjagd in misericordia regis verurtheilt wurden, kamen schwerlich mehr vor. Die Magna charta[165] und die Charta de foresta von 1217 besiegelten die Niederlage des Forstrechts: fortan darf der den Forst durchreisende Magnat *I vel II bestias* nehmen, jeder sein waldloses Land im Forst frei verwerthen, und *nullus amittat vitam vel membra pro venatione nostra*. Diesem Menschenalter musste der in Pseudo-Cnut geschilderte Zustand als veraltete Tyrannei erscheinen; alles künftige Forstrecht Englands musste sich auf jenen beiden Freiheitsbriefen aufbauen.

Auch die Vortragsform des Fälschers wäre für eine Zeit, die Recht und Verfassung in klaren und bestimmten Gesetzen zu ordnen verstand, zu dunkel und zu wenig technisch.

Der Fälscher arbeitete also sicher nach 1130 und vor 1215, und wahrscheinlich in Heinrich's II. letztem Jahrzehnt.

VI. Der Fälscher.

20. Durch Cnut's Maske wollte der Verfasser Gegenwart und Ideal des Forstes mit der Ehrwürdigkeit des Alters und langbewährter Einrichtungen aufputzen, ohne dass er von Cnut mehr als die heutige Forschung wusste. Er nannte sich Cnut entweder weil er an dessen echtes Jagdgesetz dachte[166], oder weil dessen Namen seiner Quelle, den Instituta, voransteht,

---

162) Henr. Bracton III 2, 28 *De raptu*. 163) Twiss *Black book of the Admiralty* I 56. XLV f. 163a) Den Reiserichtern verbietet Heinrich III. alle Ordale 1219; Rymer, *Foedera* I 154. 164) Über jagende Mönche spotten freilich noch Chaucer und Langland (vgl. auch Webb *Roll of Swinfield* LV. XCI); allein die Forstcharte von 1217 nennt neben Bischof, Graf und Baron, die bei Durchreisung des Forstes ein Wildpret nehmen dürfen, nicht den Abt oder Prior, obwohl der König doch auch diese zu Hofe lud. 165) c. 44. 47 f. 53. 166) S. o. Anm. 82.

oder weil er von Cnut's Gesetzgebung gelesen[167] hatte. Dass diese Lateinisch gelautet hätte, wähnte man damals auch sonst[168]. Zieht man das den Instituta Cnuti Entnommene ab, so bleibt nichts von Kenntniss Angelsächsischer Sprache oder Zustände übrig, was bei Anglonormannen des 12. Jahrh. erstaunen oder gar in dem Fälscher rein Altenglisches Blut zu vermuthen veranlassen könnte. Er benutzte von einer Anzahl Angelsächsischer Gesetze, die Wald und Jagd betreffen[168a], keines. Wahrscheinlich sprach er nicht Englisch als Muttersprache. Denn er hielt Englische Wörter für Dänisch[169], Nordische für Englisch[170], Gallolateinische für Cnut's Sprache[171] und redete von *Angli* und *Dani* in dritter Person. Vermuthlich also stammte er von Normannen.

21. Dass er Geistlicher war, folgt schwerlich aus seinem Latein mit kanonistischen Brocken, mit pedantischem Antikisiren[172], aus seiner Systematik oder aus den Worten *ecclesiis pax*. Dagegen spricht, dass er nur Ritter fortan zum Forstrichteramt erheben wollte, obwohl es doch thatsächlich auch Geistliche bekleideten, dass er, wie die härtesten Forstkönige, Mensch und Wild gleich bewerthete, absichtslose Missethat wie Schuld ahndete[173], geistliche Wildfrevler dem Forstrecht unterstellte und ohne Bedenken Äbten zu jagen erlaubte.

Seine Grammatik ist im Sinne des Kirchenlateins fehlerlos (ausser dass er einmal *coram* mit dem Accusativ verbindet), jedoch der Wortschatz gering. Er muthet dem Leser z. B. zu, bei den vieldeutigen Worten wie *foresta, chacea* und *venatio* jedesmal die passende technische Bedeutung zu erkennen: offenbar weil der Verfasser selbst diese Sprache täglich handhabte. — Die Anordnung ist nur zu Anfang, wo von der

---

167) S. o. Anm. 63. 168) Roger Wendower, der offenbar auch eine Lateinische Versio Cnut's kannte, meint I 465: Cnut liess Eadgar's Recht ins Latein übersetzen. 168a) Ine 43 f.; Aelfred 9, 2; 12 f.; Can. Eadgari 64; VI Aethelred 22 = I Cnut 15. 169) S. o. 11; auch *yongren* und (aus Inst. Cnuti II 34) *halscfang*. 170) S. u. S. 37. 171) S. o. S. 12. 172) S. o. S. 31, Z. 15. 173) S. u. S. 48. Vgl. Brunner II 360. 544.

Beamtenhierarchie gesprochen wird, logisch; späterhin aber werden allgemeine Grundsätze und Distinctionen, die an der Spitze hätten stehen müssen, mitten hineingeschoben; von schriftstellerischer Gabe spürt man nichts. — Die Rolle Cnut's führt der Fälscher auch darin durch, dass er „Engländer und Dänen" anredet. Er vergisst sie aber mindestens zweimal[174], und spricht da nicht wie ein Gesetze dictirender Herrscher, sondern wie ein beurtheilender Compilator. — Durch das bloss äusserliche Ankleben des Wortes 'Forst' will er den landrechtlichen Inhalt der Instituta Cnuti zum forstlichen stempeln; er verarbeitet ihn nicht, sondern bleibt Plagiator. Nirgends verräth er juristischen Geist, der hätte zwingen müssen, die Einzelheiten verschiedener Zeiten und Systeme gesondert zu halten.

Besonders fällt die Unvollständigkeit des Werkes auf. Wir hören nichts von der Vogelbeize, Fischerei, Warenna, Schonzeit, Vieh- (besonders Schweine-) Weide, vom Privileg vieler Adliger und Kirchen betreffend Holz und Wild, von geistlichen Zehnten, vom Rechte der Förster auf Gastung bei den Unterthanen[175], vielen Forststrafsachen oder von der Besteuerung der Rodungen[176].

22. Dagegen sticht die Ausführlichkeit hervor, mit der Pseudo-Cnut unwichtige Fälle der Forstverwaltung, wie die Tollheit der Hunde, und Wichtiges, wie die Rechte der Forstbeamten, behandelt: umsomehr als die Pflicht des Försters gegen König und Volk, sogar sein Amtseid[177], fehlt. Und doch war 1170 Unterschleif und Bestechlichkeit der Förster vom Könige geahndet, und 1184[178] bei Pflichtvergessenheit Leibesstrafe angedroht worden. Der Fälscher ist ängstlich bemüht, das Gehalt der Forstbeamten und die Strafen festzustellen, welche den Unterthan treffen, der sich an ihnen vergreift. Nur den vier Provinzprimaren spricht er forstliche Gerichts-

---

174) *Quos primarios appellandos censemus* und *Crimen veneris ab antiquo inter maiora et non immerito numerabatur.* 175) S. o. Anm. 106. 176) Vollständiger *Leges Henr.* I 17. Die Abgaben von *essarta* stammen vielleicht vom Fränkischen Königszins auf Rottland; vgl. Brunner II 75. 237. 177) *Jurent quod non rexabunt milites;* Assise 1184 c. 6. 178) Ebd. c. 8.

barkeit zu; sie sollen zu den mit Immunität und Patrimonialjustiz privilegirten Rittern gehören. Die Mediocres ordnet er den Primaren unter und drückt sie von der Stellung herab, die Förstern in Wirklichkeit zukam. Unbedenklich schilt er sie, selbst Thegnas, 'illiberal'. Bauer und Sklav gilt ihm gleich. Dass dieser Prügel oder Friedlosigkeit leidet, ja das Leben verliert, in Fällen, wo der oberste Stand nur Geld büsst, berichtet oder verordnet er mitleidlos. Den Baronen allein giebt er die Jagd (ausser auf Edelwild) und nur dem Adel das Halten von Jagdhunden frei: mehr als ihnen in Wirklichkeit zustand. Nirgends eine Silbe der Missbilligung über ein System, das ausser dem König und den Forstbeamten jeder, selbst der Schatzmeister, verwarf.

Solche Anschauungen legen es nahe, in dem Fälscher einen hohen Forstbeamten zu suchen, der einer ritterlichen Familie mit privilegirter Baronie entstammte.

Vielleicht bildete Pseudo-Cnut die Parallele und Ergänzung zu den Abhandlungen, die uns Heinrich's II. Oberrichter Glanvilla und Schatzmeister Richard fitz Nigel von der Curia regis (im engeren Sinne), bezw. dem Exchequer hinterliessen. Möglich dass auch dies Werk, wie der Dialogus de Scaccario, Routine und gleichmässige Behandlung bei gleichem Frevel gleicher Personen an Stelle reiner Willkür des Königs setzen wollte, dass es zu Forstrichtern nur Barone unabhängiger Stellung, deren Selbständigkeit einige Gewähr gegen die Despotenlaune bot, zu erheben wünschte, und dass es solch ein Programm dem König selbst unterbreiten wollte. Also nicht ein Wirklichkeitsbild, wie in jenen beiden Werken, sondern eine Tendenzschrift haben wir vor uns. Dem König zeigte sie vielleicht die oft getadelte Seite seines Regiments gerechtfertigt durch altes Herkommen angeblich seit fünf Menschenaltern. Ein privater Leser jener Zeit (die Bauern konnten ja damals nicht lesen) mochte andererseits eine Milderung darin erblicken, dass hier für Adel und Mittelstand die Verstümmelung gar nicht, und die Todesstrafe nur bei wiederholter Gewaltthat gegen die Forstprimare verordnet wurde. Die Freiheitsbewegung der Zeit zielte auch sonst darauf hin, die höchsten Ämter in die Hand des grundbesitzenden Adels zu bringen, um sie nicht Creaturen des Königs anheimfallen zu lassen.

Ein anderer Zweck der Fälschung scheint nicht möglich. Denn rein antiquarischer Betrug kommt im England des zwölften Jahrhunderts nicht vor. Um poetisch zu unterhalten, erlogen wohl Epen, Romane und Chroniken Berichte über die Vergangenheit; aber Niemand las langweilige Rechtsartikel zum Vergnügen. Schmeichler dichteten wohl dem Ahnen ihres Herrschers oder Gönners Ehre an; aber Niemand stammte von Cnut oder hielt das Forstrecht für einen Ruhmestitel. Mancher Patriot verherrlichte mit Fälschungen die Vorzeit des Vaterlandes, der politischen oder kirchlichen Heimath; aber Niemand fand in diesen Constitutiones ein nationales, locales oder religiöses Interesse befriedigt. So bleibt als einzig möglicher Zweck Pseudo-Cnut's übrig die historische und urkundliche Begründung wirklicher oder beanspruchter Rechte, Vorrechte oder Einrichtungen durch ein angeblich altes Schriftstück. Nicht aber die Freiheit aller Unterthanen, einer Körperschaft, einer Familie oder Einzelner gegenüber der Krone verficht dieser Fälscher, sondern er will erstens die Wichtigkeit des Forstes, das Ansehen der königlichen Forstbehörde und zwar besonders der Forstrichter erhöhen, sie als unabhängig von anderen Behörden darstellen, zweitens die Auswahl der Forstrichter aus der feudalen Aristokratie, einzelne Adelsvorrechte und im allgemeinen den ständischen Vorrang des Adels befürworten.

VII. Quellenwerth Pseudo-Cnut's.

23. Ein jedes Denkmal bildet eine Quelle für die Geschichte seiner Entstehungszeit, selbst wenn es gleich auch zugesteht, nur der Phantasie seines Urhebers entsprungen zu sein. Umsomehr drängt sich gegenüber einem juristischen Werke, das wirkliche Verhältnisse entweder schildern oder schaffen will, die Frage auf, wo kann Pseudo-Cnut als Quelle für die Zustände des zwölften Jahrhunderts gelten? Sicher darf er nur mit grösster Vorsicht benutzt werden. Denn der Verfasser

verwirrt offenbar beobachtete Wirklichkeit mit dem aus den Instituta geschöpften Alterthum und der Theorie eines Systems, ja vielleicht bloss eines feudalen Programms, das er oder seine Partei nur erdacht hat.

24. Die Sprachkunde gewinnt hier drei Namen von Hundearten, die auch in einem nur wenig jüngeren Codex T und daraus in Horn's Exemplar der 'Leges Anglorum saec. XIII. in. Londoniis collectae' (p. 2) vorkommen. *Greyhound*[177] ist bis heute erhalten. — *Langeran*, als Synonym für *velteres*, Windhunde, kommt sonst nicht vor. 'Es könnte *Langohren* bedeuten[178]'. Jener Codex T aber liest *langlegeran;* vielleicht nur ihm folgt Lye's Dictionarium Saxonicum. — Das Wort *ramhundt*, nach Ho[179], streiche man aus den Angelsächsischen Wörterbüchern. Denn Cii liest *rainhund* mit jenem Codex T, der die Aussprache des *n* dadurch sichert, dass er es mit *pluvia*, also aus *regn* erklärt: eine wohl nur gelehrte Etymologie, die wahrscheinlich ebenso missglückt ist wie jedenfalls die Schmid's aus *ryne*. Manwood übersetzt *spanels in a man's lap:* wohl aus willkürlichem Rathen. Vielleicht lag Altenglisch *hránhund* (gebildet wie *heahdeorhund*) vor. 'Doch könnte auch das ganze Wort Skandinavisch sein[178]'. — Für *a staggon* (cervum) bietet Pseudo-Cnut den frühesten Beleg. Twici[180] giebt diesen Namen dem fünfjährigen Hirsch. — Statt *hundredseten* setzt Verf. *hundredlaghe;* das Wort ist richtig gebildet, wie *landlagu*. Bezirksrecht bedeutet, kommt aber sonst nicht vor.[180a] — Unterbeamte, *ministri*, die auch *iuniores* in einer Forsturkunde[181] genannt werden, heissen Angelsächsisch *geongran*. 'Die zu erwartende Mittelenglische Fortsetzung wäre *yongren*[178]'. Sie scheint mir hinter Cii's *yonger* und Ho's *yoongmen* zu

---

177) *greyhounds* in Ho ist Plural, *greyhounde* in Cii später Singular mit stummem -*e*. 'Die einzige Quelle für Lye's *grighund* scheint Wright-Wülker *Vocabularies* 276, 3'; ZUPITZA's freundliche Mittheilung. 178) Zupitza. 179) -*dt* ist höchst wahrscheinlich spätere Verderbnis aus -*ds* oder -*de;* s. Anm. 177.   180) S. o. Anm. 44.   180a) Ein Beleg, wie *law* ältere Wörter für *Recht* verdrängte.   181) *a pastu regis, principis vel iuniorum eorum;* Birch *Cartul. Saxon.* n. 450.

stecken, und letztere Form nur der Versuch eines späten Abschreibers, Unverständliches durch die Sprache seiner Gegenwart zu erklären. Der Normanne mochte das Wort um so eher behalten, als er vielleicht *juniores* (Unterbeamte) aus Karlingischem Rechte kannte [181a]. — Ähnlich scheint *muchehunt* in Ho von einem Copisten, ja vielleicht erst vom Drucker eingesetzt, um die Bedeutung 'grosse Jagd' [182] herauszubekommen; denn ein so bekanntes Wort wie *hunt* konnte nicht den Anlass zu *iūt* in Cii bieten. Vielleicht hiess, im Gegensatz zum kleinen Vierzig-Tage-Gericht *(woodmot, court of attachments)*, oder zum *Suanimot* [183], die Generalinspection im Volksmunde *muchimot*; eine solche Zusammensetzung ist zwar nicht nachweisbar; aber *muche* heisst um 1180 'gross' und *imot* 'Gerichtsversammlung'. — Beide Handschriften lesen *michni* [184] an einer Stelle, in deren Sinn *hired* [185] (curia, aula) passen würde; vielleicht dieses Wort übersetzte Verf. mit *warda*, wozu er durch Ähnlichkeit mit *hirde* verleitet werden konnte, welch letzteres allerdings mit Französischem *guarde* synonym ist. — *Warscot* soll synonym mit *armorum onera* sein. Die gewöhnliche Erklärung aus *war* (Krieg) geht nicht an: dies Wort lautet beim Angelsächsischen Annalisten noch *werre*. Ein 'Kriegsschoss' im Sinne von *scutagium* ist auch kaum gemeint, da dieses nicht die Unfreien, *minuti*, traf. Vielmehr der Wachtpfennig *wardpenny* (die Ablösung der Pflicht, die Festung oder den Heerführer zu bewachen, durch Naturallieferung [186] oder Geldzahlung), in Normannischer Aussprache *warpenni*, wird gemeint sein, wie ja auch für den Peterspfennig die Formen *Romscot* und *Rompæning* gleichzeitig vorkommen. Diese Ansicht vertrat bereits Spelman im Glossar. archaeol. s. v. *wardpenny*.

181a) Brunner II 174. 188. *Yeoman* kommt nicht von *yong*. Steenstrup *Danelag* 118 erweist *iunge men* nicht als Stand. 182) Fisher 60. 183) Charta de foresta 1217 c. 8. S. o. S. 26. 184) Leo *Rectitudines* 125 schlägt *mirhni* Gestüt, Schmid *wicha*, jedenfalls unglücklich, vor. 185) Vielleicht steckt *hired* auch hinter unerklärtem *haired, hared* der Constitutio domus 356 [s. o. Anm. 131] in *Venatores magni haired*. Vgl. über *hiredmen (domestici)* Schmid 665. 186) Vgl. den Deutschen *heriscilling*; Brunner II 212.

25. Sachlich möge die Verfassungsgeschichte aus Pseudo-Cnut entnehmen, dass auch das Forstrecht mit Beirath der Magnaten oder höchsten Forstbeamten erlassen zu sein beanspruchte, obwohl es am Exchequer nur als *voluntaria principum institutione*[187] begründet galt. Die Beistimmung der Grossen steht vor Heinrich's II. und Richard's I. Forstassise.

26. Beamtenhierarchie und Volk theilt Pseudo-Cnut in je drei Classen: der Adlige wird Forstrichter, der Mittelstand Förster, der Unfreie Gehilfe. Thatsächlich kannte das Englische Recht jene Dreitheilung im Volke nicht, die auch der gesellschaftlichen Scheidung höchstens in groben Umrissen entsprach[188]. Die Forstbeamten zerfielen in mehr als drei Classen[189]. Amtsstufe und Volksclasse gingen nicht parallel. Dass der Eintritt ins Forstamt regelmässig jeden um eine Standesclasse höher hebe[189a], ist daher ebenfalls mindestens ungenau.

Den obersten Stand, an dessen Spitze Prälaten und *Barones* stehen, nennt Pseudo-Cnut *Theynas, liberales, ealdormen*[190], den mittleren *medioeres, lesspegnas, yongren*[191], *illiberales*, den dritten *minuti, tunmen, villani*. Zu letzteren (und dies bemerke die Geschichte des Englischen Bauerstandes in einem sonst wenig volksfreundlichen Zeugniss!) können *servi* gehören; durch das Forstamt werden sie *liberi*[189a]. Das Wort *populus minutus* war den Clerici regis 1130 und 1166 geläufig[192]. Die Angelsächsischen Namen kennt Verfasser theilweise aus den Instituta, und zwar wahrscheinlich nur dorther. Er hat sie aber z. Th. falsch angewendet und Wörter verschiedener Begriffsweite als synonym gesetzt. *Geongran* drückte den Rang der Unterbeamten und nicht einen Geburtstand aus. Auch irrt er indem er einige jener Wörter für Dänisch[193] ausgiebt.

27. In jeder 'Provinz' (was damals oft Grafschaft heisst) sollen vier *Primarii forestae*, Forstrichter, aus immunen Thegnas genommen werden. Es ist dies nur ein Vorschlag, kein Wirk-

---

187) S. o. Anm. 152. 188) S. o. S. 28. 189) S. o. S. 29. 31. 189a) S. o. Anm. 145. 190) S. o. 11. 191) S. o. 24. 192) Pipe roll a. 1130 p. 71; Ass. Clarendon. 20. 193) S. o. Anm. 169.

lichkeitsbild. Denn nicht jede Provinz enthielt Forst; der Titel kommt amtlich[194] nicht vor; ein Colleg von vier höchsten Forstbeamten an der Spitze eines Bezirks lag zwar einmal[195] im Plane einer allgemeinen Reform, wurde aber verwirklicht höchstens an einigen Orten. — Diese Forstrichter, so fährt Verfasser fort, sollen in der betreffenden Gegend begüterte Immunitätsherren sein. Eine solche Forderung widerspricht schnurstracks der Politik Normannischer Regenten, die wichtigen Ämter an Homines novi zu vergeben und die Verwaltung der Provinzen zu controliren durch die von der Centralregierung mit Sondervollmacht ausgesandten Justiciae. Als solche hielten im zwölften Jahrhundert keineswegs bloss Ritter, wie Pseudo-Cnut will, sondern häufig Geistliche Forstgericht. — Dass das Forstrichter-Colleg mit königlicher Machtvollkommenheit Recht sprach, ist richtig. Dass jedoch über die Forstrichter nur der König richte, setzt erstens das Fehlen eines Reichsförsters[195] und zweitens die persönliche Theilnahme des Königs am höchsten Gericht voraus: beides Ende des 12. Jahrh. nur Ausnahmen. Den persönlichen Vorsitz auch im Forstgericht[196] behält Verfasser dem Könige ausdrücklich vor. Er verschweigt, dass jene Curia regis nicht bloss als Collegium auch ohne den König, sondern auch in ihren abgeordneten Justiciae errantes gelegentlich die Einkünfte aus dem Forst, aber auch ungesetzliche *prisas forestariorum* (noch 1194, c. 24) beaufsichtigte. — Vor einem Primar soll die Lähmung der Jagdhunde im Forst[197] erfolgen; von den Primaren muss jede Fällung königlichen Holzes genehmigt[198] werden: beide Befugnisse kamen im 12. Jahrhundert den königlichen Förstern zu, nicht den Forstrichtern oder *Primaren* oder ähnlich Betitelten. — Wie die Amtsmacht, so wird die Rangeshöhe der Forstrichter von Pseudo-Cnut übertrieben: Gewaltthat gegen sie kostet im ersten Falle dem Freien Freiheit und Vermögen, dem Villanen die Hand und im Wiederholungsfalle beiden das Leben: nur hierbei

---

194) S. jedoch o. S. 24. 195) S. o. 18. 196) S. o. Anm. 125.
197) S. o. S. 22. 198) S. o. S. 23.

droht er dem Freien eine Körperstrafe an[199]. Diese Abstufung der Strafen je nach dem Range des beleidigten Beamten und dem Stande des Frevlers, gemäss einem bindenden Schema, passt nicht zu der königlichen Willkür, die laut aller Zeugen im Forstrecht entschied, sondern eher zu des Verfassers anzunehmender Neigung, diese durch eine feste Ordnung künftig zu ersetzen. Die Strenge der Ahndung jeder Beamtenbeleidigung und die Strafschärfung beim Wiederholungsfalle[200] eines Forstfrevels entsprachen zwar der Wirklichkeit[201]. Wie wenig wir Pseudo-Cnut hier aber im Einzelnen vertrauen dürfen, folgt daraus, dass er das Kämpfen im Forstgericht gegen den Primar mit denselben drei Strafen (Wer, Wite, 40 Schilling) bedroht, wie die Instituta Cnuti das gegen den Grafen. Zum Handabhauen bei Gewalt gegen den Richter vergleiche man dieselbe Strafe für Schwertzücken vor ihm, in Chur[202].

28. Unter jeden Primar stellt Verfasser *4 mediocres*, unter jeden *Mediocris 2 minuti*. Blosse Systemmacherei! Nie hätte ein Nachfolger Wilhelm's des Eroberers die unmittelbare Gewalt über die *Forestarii* einer Mittelinstanz abgetreten. Auch die Zahlen sind ein bloss erdachtes Schema, nur vielleicht anderen Verhältnissen entlehnt. Dass *Mediocres* und *Minuti* den *Primarii*, also einem nur forstlichen Gericht, in allen Straf- und Civilsachen unterstanden, traf niemals zu. Für Forstsachen[203] und für ihr Beamtenverhältniss mochte es richtig sein, aber gewiss nicht bei landrechtlichem Frevel und bei Fragen des Besitzes und Eigenthums. Wiederum dehnt da Pseudo-Cnut den Machtbereich der Forstrichter über Gebühr aus. Vielleicht lag ihm hier aber eine Fränkische Formel[204] im Sinn. — Alle Forstbeamten befreit Verfasser von Gerichtsfolge zu Shire und Hundred sowie vom Wachtschoss[205]. Eine

---

199) S. o. 17.   200) Brunner II 647.   201) S. o. S. 25; Assisa a. 1184 c. 12.   202) Brunner II 47.   203) S. jedoch o. Anm. 106. 204) *Quidquid tam liberi forestarii quam servi nocuerint, magistri forestariorum illorum iustitiam facient;* in *Form. imper.* n. 43 bei Zeumer, *Mon. Germ., Formulae Merow. et Karol.* 320.   205) S. o. S. 38.

solche Exemtion bestand vielleicht wirklich allgemein. Denn in ähnlicher Weise waren Exchequerbeamte frei von Schild- und Dänengeld[206], und hatte Eadward der Bekenner einige Güter von Abgaben befreit *pro foresta custodienda*[207]. — Die Mediocres will Pseudo-Cnut von aller Theilnahme an der *justitia administranda* ausschliessen, gemäss der Reform-Forde- rung, dass niedere Creaturen des Königs nicht Recht sprechen sollten. Er widerspricht sich aber selbst, wie mir scheint, wenn er von *griðbrece ante mediocres* redet, und denkt hierbei an die wirkliche Justiz der Förster; demgemäss möchte ich *cum ira* ändern *in curia*[208]. 'Den Mediocres liegt [bei Tage] *cura viridis et veneris*, auch über das Nutzvieh im Forst, und den Minuti bei Nacht ob'. Solche Pflichttheilung nach der Stunde scheint wenig glaublich. Dass daneben die 'Minuti niedere Dienste besorgen', ist selbstverständlich. 'Wer Friedensbruch vor den Mediocres verübt, büsst dem König 10 Schilling, wer sie schlägt[209], verwirkt soviel wie für Erlegung von Edel- wild'. Dieser Satz bestätigt, dass der Förster eines besonderen Schutzes kraft seiner Eigenschaft als königlicher Beamter ge- noss, dass das Volk im Hass gegen die Förster oft zur Gewaltthat sich fortreissen liess. Die Gleichbewerthung von Mensch und Hirsch, die humanere Geistliche bereits empörte, liess unseren Verfasser noch als etwas Alltägliches kalt[210]. Das übrige Ein- zelne entbehrt der Bestätigung und daher der Glaubwürdigkeit.

29. Aus der Angabe über die Gehälter der drei Forst- beamten-Classen bemerke man die Zusicherung, sie aus könig- licher Casse zu bezahlen. Dahinter verräth sich der wirkliche Zustand, dass die Förster den Unterthanen Nebeneinkünfte ab- pressten[211]. Richtig mag ferner sein, dass das Gehalt theil- weise in Naturalien entrichtet wurde, vielleicht auch dass

---

206) S. o. Anm. 133. 207) S. o. Anm. 77. 208) C. 19, ebenso wie in c. 10; vgl. o. 4. Dazu kommt, dass im Satze vorher von Gewalt- thätigkeit vor Primaren *in placito* die Rede war, was mit *in curia* synonym ist. 209) 'mit Zorn' (vielleicht 'absichtlich'; vgl. Brunner II 544. 561) nach den Handschriften, 'im Gericht' nach meinem Vorschlage. Vgl. oben Anm. 134. 210) S. u. S. 46. 211) S. o. S. 21.

Waffen und Pferd dazu gehörten. Für die Kostbarkeit des Schwertes und den untergeordneten Rang der Armbrust spricht es, wenn Pseudo-Cnut jenes nur Primaren, diese den Minuti liefern lässt. Die Geldbeträge sind vielleicht theilweise erdacht in Anlehnung an Gehälter königlicher Hofbeamten[212] und jedenfalls an den Geldwerth des 12. Jahrhunderts. Mehr wird in diesen Sätzen nicht als wirklich gelten dürfen. Denn erstens fällt auf, dass Forstrichter, wie gesagt z. Th. Geistliche, Schutz- und Trutzwaffen erhalten, zweitens, dass Waldbeamte weder Wildpret noch Holz bekommen sollen, drittens, dass die angeblichen Gehälter theilweise so genau, selbst in den Zahlverhältnissen, übereinstimmen mit den von Cnut in den Instituta verordneten Heergewäten. Ist aber die Besoldung für die Primare eine gedankenlose oder fälschende Copie aus anderen Zeiten und Beziehungen, so halten wir auch die Gehälter der Mediocres und Minuti für erfunden.

30. 'Viermal[212] im Jahre, so decretirt Pseudo-Cnut, halten die Primare allgemeine Forstschau und Strafgericht über Holz- und Wildfrevler'. Der Wirklichkeit entlehnt ist hieran nur die Zweitheilung der Forstvergehen, der technische Name für die Forstschau und die Regelmässigkeit der Wiederkehr forstlicher Gerichte. Dagegen widerspricht den Thatsachen[212] diese Periodicität, der Titel der Forstrichter, ihre Anzahl, Stellung und Herkunft, endlich die Einheitlichkeit des Forstgerichts (das in Wahrheit in mehrere Arten zerfiel; s. S. 38).

Aus dem Abschnitt über den Forstprocess müsste man die Identität des landrechtlichen Processes um 1020 mit dem uns sonst unbekannten[213] des Anglonormannischen Forstrechts um 1180 folgern, wenn man nicht wüsste, dass Pseudo-Cnut hier gedankenlos die Instituta abschreibt. Alle die dorther excerpirten Sätze über die Vertretung[213a] beim Voreide, über die Schonung Fremder, über Bürgenstellung und Zeugnissfähigkeit

---

212) S. o. 17.   213) Bigelow *Hist. of Anglonorman procedure* 144.
213a) Brunner II 265.   Man streiche bei Schmid 579 den nur aus Pseudo-Cnut belegbaren *Voreid eines Angeschuldigten*.

sind auf ihre Anwendbarkeit für Heinrich's II. Zeit nicht etwa vom Verfasser geprüft worden. Mit welcher Unwissenheit der Fälscher Bruchstücke des Alterthums unorganisch in sein Zukunftsbild einflickte, zeigt sich gerade hier. Cnut schrieb dem Kläger einen Voreid vor, wodurch dieser den Beklagten zum Ordal zwang; der Fälscher verkennt diesen Eid [214] als eine Art der Ordalsvollziehung und schreibt nochmals den *forath* dem des Forstfrevels Bezichtigten zu. — Dass alle Beklagten sich durch dreifaches Ordal reinigten, ist ganz unglaublich; nur dass das Ordal in Forstklagen angewendet wurde, ist richtig. Unser Verfasser misstraut diesem Beweismittel im allgemeinen nicht, sondern möchte nur das Feuerordal auf schwierige Fälle beschränken [215]; ein Schritt zu dessen Abschaffung.

Jeder unerlaubte Eingriff in den Forst, auch leichtester Baumfrevel oder sogar Vertilgung schädlicher Raubthiere, die an sich als werthlos gelten, kostet nach Pseudo-Cnut *fractio regalis chaceae* (= *crimen forestae*), gleichsam eine Grundtaxe, zu der die Busse je nach dem Stande des Frevlers oder dem Werthe des Geschädigten hinzutrete. Die Aussonderung einer solchen Busse für 'Forstbruch' scheint sonst nicht bezeugt.

Baumfrevel gilt nach Pseudo-Cnut seit Altersher leichter als Wildfrevel und als geringfügig; königliches Holz oder Unterholz ohne Erlaubniss der Primarii zu schneiden, ist nur 'Forstbruch' [216]. Ausser 'Forstbruch' kostet das Fällen eines Baumes, der dem Wilde Futter gewährt, 20 Schilling. Dies stimmt zu anderen germanischen Rechten [217]. Nicht deutlich ausgesprochen, aber wohl mitverstanden ist das Verbot [218], Gehölze Privater im Forst ohne Erlaubniss der Förster zu fällen.

31. Die Thiere im Forste classificirt Pseudo-Cnut eigenthümlich: 1. *fera regalis, venatio, animal veneris*, d. i. Hirsch

---

214) Im Forstgericht klagte Fiscus, kam also Voreid nicht in Frage. Brunner II 344.   215) S. o. S. 32.   216) S. o. S. 17. An einen Baumfrevel im Königswald ausserhalb des Forstes wird nicht zu denken sein; denn Pseudo-Cnut behandelt nur die *Foresta*, nicht den *Parcus regis*. 217) Wilda *Strafrecht* 934.   218) S. o. Anm. 121.

[und Hinde]; 2. *fera forestae* z. B. Eber; 3. Reh, Hase, Kaninchen; 4. Wolf und Fuchs; 5. *Bubali*, Pferde, Kühe u. dgl. [zähmbare Thiere]. Diese Eintheilung kommt sonst so vollständig nicht vor, kann aber stückweise bestätigt werden und passt vollkommen zu sonst Bekanntem. Der Vorrang des Hirsches steht fest[219]; die Trennung des Rehs[220] von den Forstthieren und seine Herabsetzung zur Warenna, der Hase und Kaninchen angehören, wurde 1339 gesetzlich festgestellt. Dass schädliches Raubwild und Nutzvieh je gesonderte Behandlung erfahren, erfordert schon die natürliche Logik. Doch galt der Fuchs späterhin als Fera forestae, und schon Richard I. verlieh als Privileg die Fuchsjagd im Forst[221]. Jede Tödtung eines Raubthieres im Forst kostet nur jene[221a] kleine Busse für 'Forstbruch'. Bei der übrigen Bestrafung des Wildfrevels ist im Allgemeinen eine Abstufung nach dem Werthe des Geschädigten und dem Range des Frevlers zwar in Wirklichkeit anzunehmen, ebenso wie oben[222] bei der Gewaltthat gegen Beamte. Allein jede Einzelheit mag einen blossen Vorschlag des Verfassers darstellen; also nur wo anderwärts Gleiches gemeldet wird, da darf sein Spruch als eine Bestätigung gelten.

Die Barone, auch Bischöfe und Äbte darunter, geniessen nach Pseudo-Cnut ein Privileg der Jagd ausser auf Edelwild. Obwohl in dieser Allgemeinheit wahrscheinlich ein Hirngespinst des baronialen Parteimanns, bestätigt der Satz erstens, dass recht viele Magnaten mit Jagd privilegirt waren, und zweitens die Tendenz, aus welcher 1217 die Charta de foresta c. 11 ihnen etwas Wildpret bei Durchreisung des Forstes zusprach[223]. Ohne ein Wort des Tadels zählt Pseudo-Cnut zu den Jägern nicht nur Bischöfe, die damals vielfach weltlich lebten, sondern auch Äbte[223]. Bei Erlegung eines Hirsches jedoch verfallen diese Magnaten in Misericordia regis; statt dieses technischen Ausdrucks giebt Verfasser, ebenso wie der Anhang zur Forst-

---

219) S. o. S. 20. 220) *Capreoli* (auch *roes*) *sunt bestiae de warenna, non de foresta;* Ducange s. v. *warenna*. 221) Urkunde bei Fisher, *Forest of Essex* 8. Vgl. o. S. 9, Z. 31. 221a) S. vor. S. 222) S. o. S. 32. 223) S. o. S. 40.

assise [224a], dessen sachlichen Inhalt an: 'in der Schuld gegenüber dem Könige nach dessen Belieben ohne festen Busssatz'. Denselben Frevel büsst nach Pseudo-Cnut der Adlige mit Verlust des 'Schilds der Vollfreiheit' [224b] (d. h. mit Ausstossung aus dem Ritterstande, die unter Heinrich III. vorkommt), der Nicht-Adlige mit 'Freiheitsverlust' und der Unfreie mit dem Tode. Hinrichtung für Wildfrevel bestand bis 1217 zu Recht. Wenn überhaupt, so wurde sie (wie aus dem fiscalischen Grundzuge damaliger Justiz, aus der Verachtung des niederen Volkes zu schliessen) am längsten vollstreckt an dem armen Villan. Möglich aber bleibt auch, dass Pseudo-Cnut, wie andere Juristen, die Stellung des Villans tiefer herabsetzte als der Rechtsbrauch und die wirkliche Verwaltung. Unter Freiheitsverlust versteht er wohl nicht Verknechtung, die er aus alten Büchern [224c], aber schwerlich mehr aus seiner eigenen Zeit kennen konnte, sondern Gefängnisshaft; denn 'careat libertate für ein bis zwei Jahre' decretirt er im vorhergehenden Satze. In der That strafte die Charta von 1217 *Captio venationis* mit einem Jahre Gefangenschaft, eine Strafe, die der Anhang zur Assise von 1184 c. 16 schon für blosse Störung forstlichen Wildes ansetzt. — Erlegung einer *Fera forestae* kostet nach unserem Verfasser den doppelten Sachwerth und das Wergeld des Frevlers: dieser Satz ist mit Hinblick auf Worte der Instituta Cnuti, die einen anderen Gegenstand betreffen, niedergeschrieben, deckt sich also schwerlich mit dem wirklichen Strafrecht. — Eigenthümlich und für die technische Kenntniss des Verfassers bezeichnend ist die Festsetzung einer Geldbusse für die Hetze, ja für die blosse Aufstörung des Wildes, ohne dessen Tödtung [224d]. Die Hetze einer Fera forestae büsst nach Pseudo-Cnut der Adlige mit 10 Schilling, der Nicht-Adlige mit 20, der

---

224a) C. 16 *faciendo finem et redemptionem ad voluntatem [regis]*.
224b) Die Waffen gelten als Zeichen der Freiheit bei Aelfrod 1, 2; 1, 4; Leges Henr. 78, 1 (daraus interpoliren 'Leges London. s. XIII' p. 35 Wilhelm's Artikel); der *Clypeus* (s. Ducange s. v.; Brunner II 418) bezeichnet den Ritterstand.   224c) Strafe für handhaften Diebstahl bei den Angelsachsen; Brunner II 270. 642.   224d) S. 9 Zeilen vorher.

Unfreie mit seiner Haut; die Hirschhetze der Adel mit einem Jahre Haft, der Mittelstand mit zweien, der Unfreie mit Friedloslegung. An diesen Sätzen fällt (ausser der oben [225] schon als unwirklich vermerkten Dreitheilung der Stände) ein aus den Instituta abgerissener Flicken auf, nämlich die 'Haut'- d. i. Prügelstrafe für den Villanen. Dass der meist reichere Liberalis nur halb so viel Geld wie der Illiberalis als Strafe für denselben Frevel zu zahlen brauchte, ist wohl keinem Gesetzgeber zuzutrauen [225a].

Während Pseudo-Cnut sich im Übrigen mit dem Walde ausserhalb des Forstes nicht befasst, wiederholt er Cnut's Erlaubniss der Jagd auf dem eigenen Grund und Boden der Unterthanen nur mit der Einschränkung: *sine chacea tamen*. Die Edelhetze des Hirsches war königliche Prärogative [226]. Allein einen gesetzlichen Ausdruck für ein Jagdverbot ausser Forst kennen wir nicht; der Anhang zur Assise von 1184 c. 16 spricht es nur für die Nähe des Forstes bei Nacht aus, wo Forstwild durch diese Jagd gestört werden könnte. Zweitens schwärzt der Fälscher in Cnuts allgemeine Erlaubniss eine Einschränkung allein zu Gunsten des Adels ein. In demselben feudalen Sinne verbietet er dem Mittelstande überall Jagdhunde zu halten. Dass solche Wünsche der baronialen Partei je Gesetz wurden, ist nicht bekannt.

32. Die drei Rassen der Jagdhunde, die Pseudo-Cnut kennt [227], vermag ich nicht alle zu identificiren. Die *Greyhounds* entsprechen, wenigstens in späterer Sprache, nicht genau den *mastiffs*, während *expeditatio mastivorum* befohlen wird im Anhang zur Forstassise von 1184 c. 14. Aber dass jene Greyhounds zu halten, dem Mittelstande überall verboten werde, ist, wie gesagt, wahrscheinlich ein blosser Wunsch des Verfassers. Auf technischer Kenntniss beruht vielleicht der Satz, ungelähmte Jagdhunde müsse der Adel 10 Meilen weit der Forstgrenze fern halten, für jede Meile, die der Hund dem

---

225) S. o. 26.   225a) Vgl. II Cnut 38, 1; 68, 1. Schonung des armen Schuldigen belegt auch Steenstrup *Danelag* 268.   226) S. o. S. 20.
227) S. o. S. 37.

Forste näher laufe, einen Schilling, und falls der Hund im
Forst getroffen und confiscirt werde, 10 Schilling büssen. Das
Verbot privater Jagdhunde im Forste war gesetzlich ausgesprochen [228]; und vielleicht folgt eine Lähmung der Jagdhunde auch in der Umgegend des Forstes (nach dem Prinzip,
dass auch hier das Forstwild Störung leiden könne [229]) aus
jenem Anhang zur Assise von 1184 c. 14: *Expeditatio mastivorum ubicumque ferae [regis] pacem habere consueverunt*.
Unter den Hunden, die als ungefährlich nicht gelähmt zu
werden brauchen, nennt Pseudo-Cnut die *Velteres*, Windhunde.

Die Schlusssätze über tolle Hunde verrathen wieder die
Hand eines Jagdtechnikers, sind aber mit Excerpten aus den
Instituta Cnuti durchsetzt und dürfen deshalb nicht ganz als
Wirklichkeitsbilder gelten. Beim Herumlaufen eines tollen
Hundes verwirke dessen Herr den Hund sammt der Busse für
das Halten unerlaubter Hunde, beim Aufgreifen eines tollen
Hundes im Forste das Wergeld des Mittelstandes, 200 Schilling,
falls jener Hund ein Wild gebissen hat, das Wergeld des
Adels, 1200 Schilling, und falls das gebissene Thier Edelwild
war, die höchste Forstbusse, d. h. wohl die bei Tödtung eines
Hirsches [230] verwirkte. Diese Wergeldsätze sind aus den Instituta
copirt und für das 12. Jahrhundert nur Alterthumsflitter. Die
Härte der strafrechtlichen Gesinnung des Verfassers geht hervor
aus der Gleichsetzung der absichtslosen Missethat mit der be-
wussten, und des Wergelds für ein Wild mit dem für einen
Menschen. Letztere Gleichbewerthung haben wir schon oben [231]
bemerkt. Für die Strafsätze [231a] fehlt Material zur Controle.

33. Die Geschichte der Britischen Fauna [232] verwerthet
die Forstconstitutionen mit Recht. Sie erwähnen den Bären [233]

---

228) *Nullus habeat canes nec leporarios in forestis;* Assisa a. 1184
c. 2.   229) S. vor. S.; vgl. o. Anm. 113.   230) S. o. S. 45.   231) S. o. 28.
231a) Milder strafen Verletzung durch Hunde Rothari und Aelfred; Frank
Kasuelle Tötung 48.   232) Harting *British animals extinct within historic
times* 116.   233) Bereits seit den Römern vermisst ihn Boyd Dawkins *Early
man in Britain*. Allein er wird im Domesdaybuch (s. o. Anm. 72) und
bei Joh. Saresb. *Policr.* I 4 erwähnt; *bernarii* kommen in Const. domus reg.
(o. S. 25) und Dial. scac. I 5 vor.

nicht, der aber noch vorkam. Dagegen werden ohne Vermerk der Seltenheit genannt Wölfe[234] und *Bubali*, die wohl identisch waren mit den von anderen Engländern des 12. Jahrhunderts erwähnten *Tauri silvestres*[235], aber bereits Harrison als nur *olim in Anglia* vorhanden auffielen. — Die *Equi* im Forste erschienen Manwood ohne zureichenden Grund als *wilde horses*. Allerdings kamen damals in der Grafschaft Somerset *Equae silvestres (indomitae)* vor.[236] Doch stehen hier die zahmen *Vaccae* daneben.

---

234) S. o. S. 45; eine Wolfsfalle in Leges Henr. 90, 2. Vgl. Freeman *Norman conq.* IV 608 f.; Strutt, ed. Hone, *Sports* p. 19.   235) Harting 220.
236) Eyton *Domesday studies* I 45.

B.
TEXT PSEUDO-CNUTS.

Im folgenden Abdruck ist Ho[llinshed's Druck] mit Cii verglichen, am Rande die Quelle, In[stituta] Cn[uti], angeführt, das dorther Entnommene klein und, sofern es in andere Wortformen abgewandelt ist, gesperrt gedruckt.

Cn I Pr.   Incipiunt constitutiones Canuti regis de foresta.

[*Pr.*] Hae sunt sanctiones de[1] foresta, quas ego Canutus rex cum concilio[2] primariorum[3a] hominum meorum de[4] foresta condo
In Cn I 1 et facio, ut[5] cunctis regni nostri Angliae ecclesiis[6b] et pax et iusti-
I 2,1; 2 tia fiat, et ut[7] omnis delinquens rite[8] secundum modum delicti et delinquentis fortunam patiatur.

[1.[9]] Sint iam[10] deinceps quatuor[c] ex liberalibus[11] hominibus,
Cn II 71, 1a qui habent salvas suas debitas[12] consuetudines, quos Angli[13] þegenes[14] appellant, in qualibet regni mei[15] provincia[d] constituti ad

---

1) forestarum *Cii*; c. supra p. 34.   2) cousilio *Ho*.   3) primoriorum *Cii*.
4) de f. des. *Ho*.   5) Et quia *Cii*.   6) equalis *pro* ecc. et *Cii*.   7) quod *Cii*.
8) deest *Ho*.   9) numeros add. *Ho*.   10) tam *Ho 2*.   11) liberalioribus *Ho*.
12) debet *Cii*.   13) Anglic *Cii*.   14) pegened *mss*.   15) deest *Cii*.
a) Vide supra p. 24. 39.   b) V. s. p. 33.   c) V. s. p. 28 sq.   d) V. s. p. 39.

iusticiam distribuendam una cum pœna[1] merita pro[2] materiis forestæ[3] cuncto[a] populo meo, tam Anglis quam Danis[4,b], per totum regnum meum Angliæ, quos quatuor primarios forestæ appellandos[5] censemus.

In Cn II 71,2 [2.] Sintque[6] sub quolibet horum quatuor ex mediocribus hominibus, quos Angli lessþegones[7] nuncupant, Dani vero yongren[8] vocant, locati, qui curam et onus tum viridis tum veneris suscipiant.

[3.] In administranda autem iustitia nullatenus volo ut tales se[9] intromittant[c]. Mediocresque tales post ferarum curam susceptam pro liberalibus semper habeantur, quos Dani[10] ealdermen[d] appellant.

[4.] Sub horum iterum quolibet sint duo minutorum homi-
In Cn I 12b num, quos tunman[11] Angli dicunt; hii nocturnam curam et viridis[12] et veneris tum servilia opera subibunt.

[5.] Si talis minutus servus fuerit, tam[13] cito quam in foresta nostra locabitur, liber[e] esto. Omnesque hos ex sumptibus nostris manutenebimus[f].

[6.] Habeat etiam[g] quilibet primariorum quolibet anno
In Cn II 71,1a de nostra warda, quam michni[14] Angli[15] appellant[16], duos equos, unum cum sella, alterum[17] sine sella, unum gladium, quinque lanceas[18], unum cuspidem[19], unum scutum et ducentos[20] solidos[e] argenti.

In Cn II 71,2 [7.] Mediocrium quilibet unum equum[21], unam lanceam, unum scutum et LX[22] solidos argenti.

[8.] Minutorum quilibet unam[23] lanceam, unam arcubalistam[e] et XV[24] solidos[e] argenti.

---

1) pœna *Cii.* 2) et *Ho.* 3) forr. *Ho 2.* 4) Danai *Cii.* 5) appellentur pro a. c. *Cii.* 6) Sint *Ho.* 7) lesspegenod *Cii;* lespegond *Ho.* 8) yonger *Cii,* yoongmon *Ho; v. s. p.* 37. 9) deest *Cii.* 10) eldermen Dani *Cii.* 11) *ita vel* timman *Cii;* tineman *Ho.* 12) ven. et vir. *Ho.* 13) quam cito *pro* t. c. q. *Cii.* 14) *sic Ho;* michm *Cii; v. s. p.* 38. 15) Danes *Manwood.* 16) apel. *Cii.* 17) a. s. s. des. *Cii.* 18) laun. *Cii.* 19) et add. *Cii.* 20) X L. *Mw.* 21) equm *Cii.* 22) 60 *Ho;* III li. *Mw.* 23) unum *ms. Ho; sic in marg. Ho.* 24) 15 *Ho.*

a) V. s. p. 26. b) V. s. p. 34. c) V. s. p. 42. d) V. s. p. 13. e) V. s. p. 28. f) V. s. p. 42. g) V. s. p. 43.

[9.] Sintque¹ omnes, tam primarii quam mediocres et minuti, immunes*, liberi et quieti ab omnibus provincialibus summonitionibus et² popularibus placitis, quæ* hundrodlaghe⁴ Angli dicunt, et ab omnibus armorum oneribus, quod warscot^b Angli dicunt, et forinsecis⁵ querelis.

[10.] Sintque⁶ mediocrium et minutorum causæ et earum correctiones tam criminalium quam civilium per providam sapientiam et rationem primariorum iudicatæ⁷ et decisæ*; primariorum vero enormia⁸, si quæ fuerint (ne scelus aliquod remaneat inultum), nosmet in curia⁹ nostra regali^c puniemus et¹⁰ animadvertemus¹¹.

[11.] Habeantque¹² hii quatuor unam regalem potestatem^c, salva¹³ nobis nostra præsentia^c; quaterque^d in anno generales¹⁴ forestæ demonstrationes et viridis et¹⁵ veneris forisfactiones, quas muchimut¹⁶ dicunt, teneant¹⁷, ubi omnes calumniæ¹⁸ de materia aliqua tangente forestam eant¹⁹* ad triplex iudicium²⁰, quod Angli ofgan²¹ þ'²²ordel dicunt. Ita autem acquiretur illud triplex iudicium: accipiat secum quinque, et sit ipse sextus et sic iurando acquirat triplex² iudicium aut triplex iuramentum. Sed purgatio igniti²³[ferri²⁴] nullatinus* admittatur, nisi ubi nuda²⁵ veritas nequit aliter investigari.

[12.] Liberalis^f autem homo, id est þegen²⁶, modo crimen suum non sit inter maiora²⁷, habeat fidelem hominem qui possit pro eo iurare iuramentum, id est forathe; si autem² non habet, ipsemet²⁸ iuret, nec perdonetur²⁹ ei aliquod iuramentum.

---

1) Sint *Ho.* 2) *deest Cii.* 3) quas *Cii.* 4) lawe Anglie dicant, ab om. on. ar. *Cii.* 5) fornis. *Cii;* forincesis *Ho.* 6) Sint *Ho.* 7) -ti et discisi *Cii.* 8) -mea *Cii.* 9) ira *mss; cf. infra* 19. 10) et a. des. *Ho.* 11) acer = bitemus *Cii.* 12) Habeant *Ho.* 13) n. s. *Cii;* semper *add. Ho* 2. 14) -lis *Cii.* 15) ac *Cii.* 16) muchiüt *Cii; fort.* much-imot, *i. e.* magnum concilium *sive* generale placitum *intellegendum;* muchehunt *Ho.* 17) u. t. *Ho.* 18) -iam *Ho.* 19) eat *Cii;* eantque *Ho.* 20) -cum *Cii.* 21) olgan *Cii;* ofgang *Ho.* 22) *i. e.* þæt; pordel *Cii;* fordell *Ho.* 23) ignis *Ho.* 24) *rasura Cii; deest Ho.* 25) vidua *Cii.* 26) pegen *mss.* 27) mariora *Ho 1; within the seas [tanquam maria] Mw.* 28) ipsimet *Cii.* 29) pard. *Ho.*

a) V. s. p. 41.   b) V. s. p. 38.   c) V. s. p. 40.   d) V. s. p. 43.
e) V. s. p. 44.   f) V. s. p. 11.

[13.] Si advena vel peregrinus, qui de longinquo venerit, sit calumniatus de foresta, et talis est sua inopia, ut non possit habere plegios[1], ad primam calumniam, quali[2] nullus Anglus iudicari[3] potest, tunc subeat captionem regis et ibi expectet[4], quousque vadat ad iudicium ferri et aquae. Attamen[5] dico[a] vobis, si quis extraneo aut peregrino de longe venienti, qui[7] sunt ab amicis alieni[8], sibi ipsi nocet, si aliud[9] iudicium iudicaverit[10].

[14.] Quicumque coram primarios[a] homines meos forestae in falso testimonio steterit et victus fuerit[11], non sit dignus imposterum[12] stare aut portare testimonium, quia legalitatem suam perdidit; et pro culpa solvat regi decem solidos, quos[13] Dani[a] vocant halsefang[14].

[15.] [15]Si quis vim[b] aliquam primariis forestae meae intulerit, si liberalis sit, amittat libertatem et omnia sua; si villanus, abscindatur dextra[c].

[16.] Si alteruter iterum peccaverit, reus sit mortis[d].

[17.] Si quis autem[16] contra primarium pugnaverit in placito[17], emendet secundum pretium[18] sui ipsius, quod Angli pero[19] et pite dicunt, et solvat primario quadraginta solidos.

[18.] Si pacem quis fregerit ante mediocres forestae[e], quod dicunt grithbreche[f], emendet regi decem solidis.

[19.] Si quis mediocrium aliquem ictu[20] cum[21] ira[g] percusserit[22], emendetur, prout interfectio ferae regalis[c] mihi emendari solet.

[20.] Si quis delinquens in foresta nostra capietur, poenas luet[23] secundum modum et genus delicti.

---

1) plegium *Ho.* 2) qualis *Cii;* qualem *Ho.* 3) -re *Ho.* 4) -tat *Cii.* 5) tamen *Cii.* 6) d. v. des. *Ho.* 7) qui s. ab a. a. des. *Ho.* 8) *verbum deesse,* edd. *sine causa suspicantur.* 9) aliquod *mss.* 10) -rint *Ho.* 11) furit *Cii.* 12) deest *Cii.* 13) q. D. v. h. des. *Cii.* 14) halfehang alias halsehang *Ho.* 15) *Articuli* 15—18 des. *Cii.* 16) contra a. cum pr. *Ho 1.* 17) plito *Ho.* 18) om. *Schmid.* 19) pere et pite *Ho.* 20) *deest Ho.* 21) in curia (ic²ia) *fort. pro* cira *emendandum, ut supra* c. *10; cf. quoque* in placito 17. 22) -ret *Cii.* 23) licet *Cii.*

a) V. s. p. 33. b) V. s. p. 40. c) V. s. p. 26. d) V. s. p. 25. e) V. s. p. 42. f) Haec rejicit Steenstrup *Danelay* 364. g) V. s. ann. 209.

[21.] Poena et forisfactio non una eademque erit liberalis[1], quem Dani[a] ealderman[2] vocant, et illiberalis[3], domini[4] et servi, noti et ignoti; nec[5] una eademque erit causarum tum civilium tum criminalium, ferarum forestæ et ferarum regalium[6], viridis et veneris tractatio[7]; nam crimen veneris ab antiquo[b] inter maiora et non immerito numerabatur[8], viridis vero, fractione[c] chaceæ nostræ regalis excepta, ita pusillum[9] et exiguum est, quod vix ea respicit nostra constitutio; qui in hoc tamen deliquerit, sit criminis[c] forestæ reus.

[22.] Si liberalis[10] aliquis feram forestæ fugerit[11], sive[12] casu sive præhabita voluntate, ita ut cursu celeri cogatur[13] fera anhelare[14], decem solidos[15] regi emendet[16]; si[17] illiberalis, dupliciter emendet; si servus, careat corio[18].

[23.] Si vero horum[19] aliquis[20] interfecerit[21], solvat[22] dupliciter et persolvat, sitque pretii sui reus contra regem.

[24.] Sed si regalem feram, quam Angli a[23] staggon[d] appellant, alteruter coegerit anhelare[7], alter per unum annum, alter per duos careat[e] libertate[24] naturali; si vero servus, pro utlegato habeatur, quem Angli frendlesman[f] vocant.

[25.] Si[25] vero occiderit, amittat liberalis[10] scutum[26] [e] liberalitatis[27]; si sit illiberalis, careat libertate, si servus vita.

[26.] Episcopi, abbates[g] et barones[h] mei non calumniabuntur[28] pro venatione, si non[29] regales feras occiderint; et[30] si regales, restabunt rei regi pro libito[c] suo, sine certa emendatione.

---

1) -li *Cii*. 2) eldermen *Cii*. 3) illi liberalis *Cii*. 4) hominis *Cii*. 5) ot *Cii*. 6) legalium *Cii*. 7) *deest Cii*. 8) annum. *Cii*. 9) pucil. *Cii*. 10) liber *Ho*. 11) ad cursum impulerit *Ho 2: r. s. p. 7*. 12) sit c. aut pr. *Cii*. 13) cogitur *Cii*. 14) anhil. *Cii*. 15) solidis *Ho*. 16) -dat *Cii*. 17) si i. d. e. *des*. *Cii*. 18) coreo *Cii*. 19) harum *Ho 2*; *r. s. ann. 50*. 20) aliquot *Ho*. 21) interfic. *Cii*. 22) du. so. *Cii*. 23) *deest Ho*; Astaggon *Cii*. 24) na. libertati *Cii*. 25) Quod si pro Si v. *Cii*. 26) sutum *Cii*. 27) libertatis *Ho*. 28) -nientur *Cii*. 29) r. f. non o. *Cii*. 30) et si r. *des*. *Cii*.

a) V. s. p. 13. b) V. s. p. 17. c) V. s. p. 44. d) V. s. p. 37.
e) V. s. p. 46. f) V. s. p. 13. g) V. s. ann. 142. 164. h) V. s. p. 45.

[27.] Sunt aliæ, præter feras forestæ[1], bestiæ, quæ dum inter septa et sepes forestæ continentur, emendationi subiacent, quales sunt capreoli[2], lepores et cuniculi[a]. Sunt et alia quamplurima animalia, quæ, quanquam infra septa forestæ vivunt[3] et oneri[4] et curæ mediocrium[5] subjacent, forestæ tamen nequaquam censeri possunt[6], qualia sunt[7] equi[8b], bubali[9], vaccæ et similia. Vulpes[a] et lupi[b] nec forestæ nec[10] veneris habentur, et proinde eorum interfectio nulli emendationi subiacet[11]; si tamen infra limites occiduntur, fractio[c] sit regalis chaceæ[12] et[13] mitius emendetur. Aper[d] vero, quanquam forestæ sit, nullatenus tamen[14] animal veneris haberi est[15] assuetus.

[28.] Bosco nec subbosco[e] nostro sine licentia[16] primariorum forestæ nemo manum apponat; quodsi quis fecerit, reus sit fractionis[e] regalis chaceæ.

[29.] Si quis vero ilicem aut arborem aliquam, quæ victum feris suppeditat, sciderit, præter fractionem[e] regalis chaceæ emendet regi viginti solidos[17].

In Cn II 80 [30.] Volo ut omnis liberalis[18c] homo pro libito suo habeat venerem sive viridem in planis suis super sua[19], sine[f] chacea tamen; et devitent[20] omnes meam, ubicunque eam habere voluero.

[31.] Nullus mediocris habebit nec custodiet canes, quos Angli greihounds[21g] appellant. Liberali vero, dum genuscissio[22h] eorum facta fuerit coram primario forestæ, licebit; aut sine genuscissione[23], dum remoti sunt[7] a limitibus forestæ per decem miliaria[24]; quanto[25] vero propius[26] venerint, emendet quodlibet

---

1) forestiæ *Cii*. 2) caprioli *Cii*. 3) viunt *Cii*. 4) -re *Cii*. 5) -orum *Cii*. 6) -sint *Cii*. 7) deest *Cii*. 8) deest *Ho 2*. 9) bubuli *Cii*. 10) et *Cii*. 11) -cent *Cii*. 12) chaceæ *Cii*. 13) eo *Ho 2*. 14) an. v. t. *Cii*. 15) a. o. *Cii*. 16) scientia *Cii*. 17) solidis *Ho*. 18) liber *Ho*. 19) terras suas *Ho*. 20) dimittet omnia mea u. ea h. *Cii*. 21) greyhounde dicunt *pro* g. a. *Cii*. 22) genuisc. *Ho*; gnuscisso *Cii*. 23) genuisc. *Ho*; genuscione *Cii*. 24) mill. *Cii*. 25) quando *Ho*. 26) proprius venerit *Cii*.

a) V. s. p. 45. b) V. s. p. 49. c) V. s. p. 44. d) V. s. ann. 97. e) V. s. p. 16. 35. f) V. s. p. 47. g) V. s. ann. 177. h) V. s. p. 22.

miliare[1] uno solido. Si vero infra septa forestæ reperiatur, dominus canis forisfaciet[2] et[3] canem[4] et decem solidos regi.

[32.] Velteres vero quos langeran[5] appellant, quia manifeste constat in iis nihil esse periculi, cuilibet licebit sine genuscissione[6] eos custodire. Idem de canibus quos rainehound[7] vocant.

[33.] Quodsi casu inauspicato huiusmodi canes rabidi eveniant[8] et ubique vagantes[9] currunt negligentia dominorum, reddet[10] eos illicitos, et emendentur[11] regi pro illicitis[12]. Quodsi intra septa forestæ reperiantur[13], talis exquiratur herus et omendet[14] secundum pretium hominis mediocris, quod secundum legem Mercinorum[15] sunt[16] ducenti[17] solidi.

In Cn III 41
In Cn III 42
In Cn III 41
In Cn III 43

[34.] Quodsi[17] canis[18] rabidus momorderit feram, tum emendet secundum pretium hominis liberalis, quod est duodecies centum[19] solidos, quodsi[20] regalem feram, reus sit maximi[a] criminis.

1) -rium unum solidum *Cii*. 2) -cit *Cii*. 3) et c. *des. Ho;* the dog *recte suppleverat Mw*. 4) comem *Cii*. 5) langlegeran *supra p. 37*. 6) genuisc. *Ho*. 7) rambundt *Ho; v. supra p. 37*. 8) fiant *Ho*. 9) vagantur *pro* v. c. *Ho*. 10) redduntur illiciti *Ho*. 11) -detur *Ho*. 12) etc. *add. Ho*. 13) -iatur *Cii*. 14) -dat *Cii*. 15) merimorum *Ho* 1; auncient (*tanquam* maiorum?) *Mw;* Werinorum id est Churingorum *Ho* 2; *v. supra p. 7*. 16) est ducentorum solidorum *Ho*. 17) ton pounds *Mw*. 17) Si *Ho*. 18) ca. r. *des. Cii*. 19) solidis centum *Ho*. 20) Si vero fora regalis morsa fuerit, reus *Ho*.

a) V. s. p. 48.

Halle a. S., Buchdruckerei des Waisenhauses.